丛书编委会

大家精要
典藏版丛书

简读 弗洛伊德

宋奇 著

陕西师范大学出版总社　西安

图书代号　SK24N1777

图书在版编目(CIP)数据

简读弗洛伊德 / 宋奇著 .— 西安：陕西师范大学
出版总社有限公司，2024.9
（大家精要：典藏版 / 郭齐勇，周晓亮主编）
ISBN 978-7-5695-4217-2

Ⅰ.①简… Ⅱ.①宋… Ⅲ.①弗洛伊德（Freud，
Sigmmund1856−1939）—人物研究　Ⅳ.① K835.215.1

中国国家版本馆 CIP 数据核字（2024）第 027847 号

简读弗洛伊德

JIAN DU FULUOYIDE

宋　奇　著

出 版 人	刘东风
策划编辑	刘　定　陈柳冬雪
责任编辑	张　佩
责任校对	宋媛媛
封面设计	龚心宇　张潇伊
出版发行	陕西师范大学出版总社
	（西安市长安南路 199 号　邮编 710062）
网　　址	http://www.snupg.com
印　　制	深圳市福圣印刷有限公司
开　　本	889 mm×1194 mm　1/32
印　　张	6.875
插　　页	4
字　　数	122 千
版　　次	2024 年 9 月第 1 版
印　　次	2024 年 9 月第 1 次印刷
书　　号	ISBN 978-7-5695-4217-2
定　　价	49.00 元

读者购书、书店添货或发现印装质量问题，请与本公司营销部联系、调换。
电话：（029）85307864　85303629　　传真：（029）85303879

目 录

第1章

环境与文化：弗洛伊德的早期生活

犹 太 之 子

十四五世纪中，欧洲的犹太人受到迫害，他们被迫向东出逃。而在 19 世纪中叶，他们又从立陶宛经加里西亚迁回到德属奥地利。弗洛伊德的父母都是犹太人，其曾祖父叫埃弗莱姆，祖父叫斯洛莫。祖父在弗洛伊德出生前夕，即 1856 年 2 月离开了人世。所以，当弗洛伊德出生时，作为对他祖父的纪念，他的犹太名字也叫斯洛莫。

弗洛伊德的父亲雅可布·弗洛伊德是毛织品商人，但他只有微薄的资本。1855 年，40 岁的雅可布·弗洛伊德同比他小 20 岁的犹太姑娘阿美丽·娜丹森结婚。次年，即

1856 年 5 月 6 日，生下一个男孩，取名为西格蒙特·弗洛伊德。

犹太血统对于弗洛伊德今后的成长产生了很大的影响。这不仅是指犹太人的语言、思维习惯和生活方式，更重要的是，定居于欧洲各地的犹太人在漫长的岁月中所遭受的侮辱和歧视，从反面给弗洛伊德提供了无形的强大精神力量，激励着他奋发图强并专心致志地从事对人类精神活动的科学分析事业。更确切地说，使弗洛伊德成为一个伟大的心理学家的重要因素之一，与其说是犹太人的血统，不如说是犹太人所深受的压迫和歧视。这种不甘忍受歧视的感情始终伴随着弗洛伊德的一生。它像潜伏在火山深处的岩浆一样默默地运行着，最终将不可避免地喷发出来。

弗洛伊德的幼年时代，家境并不富裕。他的父亲在同他的母亲结婚以前曾经结过两次婚。第一次结婚是雅可布 17 岁的时候，他的第一任妻子生下了大儿子伊曼努尔。接着，雅可布的第二任妻子在 1836 年为他生下了第二个儿子菲力浦。所以，当弗洛伊德出生的时候，他同父异母的哥哥伊曼努尔 24 岁，菲力浦 20 岁。他俩都是做生意的。不幸的是，伊曼努尔和菲力浦的生意连连失败，以致弗洛伊德的父亲不得不拿出大量的金钱救济他们。到弗洛伊德懂事的时候，弗洛伊德父亲已没什么钱了。虽然弗洛伊德的父亲没有给弗洛伊德一个经济宽裕的成长环境，但他传给弗洛伊德的性格对于弗洛伊德的研究工作和思想方法产生了深远影响。

弗洛伊德的母亲阿美丽·娜丹森又名玛丽亚，是一位很有智慧的女性，其对弗洛伊德的影响是终身的。这不仅是因为玛丽亚对弗洛伊德给予了深切的关怀，使弗洛伊德与母亲建立了很深厚的感情，而且还因为玛丽亚比弗洛伊德的父亲更长久地同弗洛伊德生活在一起，一直共同生活了七十多年。

1856年，当阿美丽生下弗洛伊德的时候，呱呱坠地的他有一头长长的黑发，所以阿美丽亲切地给弗洛伊德起了绰号"小黑鬼"。据弗洛伊德回忆，在弗莱堡生活时，弗洛伊德有一次闯入他父母的卧室，以好奇的目光观察大人的性生活，当时，被激怒了的父亲把他赶回他自己的房间里。还有一次，弗洛伊德已两岁了，但还在床上撒尿。他爸爸指责他以后，他说："别着急，爸爸。我会在市中心给你买一个新的、美丽的、红色的床来赔你。"这些事在弗洛伊德的脑海中留下了这样的印象：爸爸是现实主义者，而妈妈对他则是温情脉脉和亲切温暖的。弗洛伊德的童年时代以至他的整个一生，都在截然不同的环境中度过：美满和谐、温情脉脉的家庭与充满着民族歧视和民族压迫的社会。

少 年 时 代

弗洛伊德之所以能将极其复杂的精神现象分析成最单纯的"潜意识"和"性动力"，就是因为他酷爱事物的单纯化结构，并因而怀抱着某种想把一切都还原成最简单的元素的愿望。在弗洛伊德看来，不仅万事万物都是由最简单的元素组成的，而且，即使是它们的那些在表面看来极其复杂和令人眼花缭乱的变化，也必然遵循着一条极其简单的规律。弗洛伊德的这种性格，在他漫长的一生中，由一种单纯的生活习惯而慢慢地发展成一种思想方法和世界观。

弗洛伊德曾说："我经常地感受到自己已经继承了我们的先辈为保卫他们的神殿所具备的那种蔑视一切的全部激情；因而，我可以为历史上的那个伟大时刻而心甘情愿地献出我的一生。"

弗洛伊德小的时候，并不只生活在犹太人圈子里，一直照顾他到两岁半的奶妈，是一位虔诚的天主教徒。她年纪很大，又老又丑，但很敏锐，她用虔诚的宗教故事来教育弗洛伊德，并带着弗洛伊德去教堂，告诉小小的弗洛伊德，我们全能的上帝做了什么。

雅可布·弗洛伊德是一位心地善良、助人为乐的犹太商人。后来，弗洛伊德有一次谈到他父亲的为人时说，他像狄更斯的小说《大卫·科波菲尔》中的米考帕那样，是一个乐天派，"始终都充满着希望地期待着未来"。

雅可布·弗洛伊德总是好心地看待别人和周围的事物。他虽然经商，但为人诚实、单纯。所有的这些性格，对弗洛伊德都有很大的影响。据弗洛伊德的朋友厄纳士特·钟斯说，当他为了写弗洛伊德的传记而问弗洛伊德的女儿安娜"什么是弗洛伊德的最突出的性格"，安娜毫不犹豫地说："他的最突出的特性，就是他的单纯。"弗洛伊德从父亲那里继承而来的这种突出的性格一直伴随了他的一生，并体现在他的一举一动上。据钟斯说，弗洛伊德最讨厌那些使生活变得复杂化的因素，他的这个特性甚至表现在日常生活的细节上。比方说，他一共只有三套衣服、三双鞋子、三套内衣，就是外出度长假，他的行李也往往简单到不能再简单的程度。

1859 年，弗洛伊德一家发生了一件对小弗洛伊德以后的人生之路产生了重大影响的事，雅可布·弗洛伊德决定迁出奥匈帝国所属的摩拉维亚而到德意志的萨克森去。不久，奥意战争结束了，弗洛伊德一家又从莱比锡迁往维也纳，而弗洛伊德的两位异母哥哥则搬到伦敦去居住。

维也纳是欧洲最著名的文化中心之一，而从 19 世纪中叶到第一次世界大战期间，又是维也纳文化发展的全盛期。1860年维也纳大约只有五十万居民，二十年以后，已经超过七十万人，其中许多人如同弗洛伊德一家人一样，是从其他地方移居来的。这是维也纳的"文艺复兴时期"，在音乐、哲学、文学、数学和经济学方面，维也纳都取得了闻名世界的成就。古老的维也纳大学是学者们群聚的高等学府，从那里发出的许多科学成果新消息不断地震撼着国际文化界和科学界。群聚在维也纳的知名学者们，像以后的弗洛伊德一样，绝大多数都是非维也纳人。这些人不仅来自哈布斯堡王朝版图内的各个地方，也来自世界各地。维也纳光荣而悠久的文化传统为弗洛伊德的精神分析学的形成和发展提供了丰富的养料。维也纳的宽容和开放精神，成为弗洛伊德的科学创见和伟大学说的天然摇篮。

在历史上，犹太人被欧洲各大民族所仇视，因此，犹太人曾三次被逐出维也纳。少年时代的弗洛伊德对排犹分子深为痛恨。他回忆说：大约是在我10岁或12岁的时候，我爸爸开始带我去散步，并在闲谈中向我表达他对这个世界的看法。在这种场合中，他对我讲了一件事情，借此表明现在比他曾经经历过的那个时代好多了。他说："当我年轻的时候，有一个星期六，我在你的出生地的大街上散步；我穿得很讲究，头上还戴着一顶新的皮帽。一位基督徒走到我跟前，打了我一顿，把我的帽子扔在地上。他喊道：'犹太鬼！滚出人行道！'"我听后，问道："你当时怎么办？"他静静地回答说："我走到马路上，并捡起我的帽子，离开那里。"

弗洛伊德实在无法接受此事，这与他心目中父亲高大的形象太不协调了。就他本人而言，如果碰到这种攻击，一定会还击的。若干年以后，弗洛伊德果然受到了别人的挑衅，他毫不犹豫地给予了还击，这就是弗洛伊德的性格。

弗洛伊德一方面继承了父亲的善良和乐观性格，另一方面又滋长着他父亲所没有的斗争精神。这种斗争精神和善良德性相结合，使弗洛伊德具备了比较完备的人格，足以承担在艰难而复杂的岁月里所遇到的一切挑战。弗洛伊德日后之所以成为一个不畏艰难困苦、特立独行的人，与他成长的环境和所受到的家庭熏陶密切相关。

兴趣广泛，勤奋好学

犹太人在维也纳的文化生活里扮演着创造者与中介者的角色：他们成为出版商、编辑、画廊主人、戏剧与音乐赞助人、诗人、小说家、指挥家、艺术家、科学家、哲学家，以及历史学家。那是这样一个时代，让弗洛伊德这样的学生，幻想未来可以成为穿着制服的将军、讲台前的教授、持有公文的部长，或是手持解剖刀的医师。

儿童时期对弗洛伊德产生重要影响的另一个事实就是，在弗莱堡期间，他一直与大哥的儿子约翰玩。他比约翰小一岁，所以既要与约翰保持友谊，也要因自己的弱者地位而抗争。这一状况成了后来弗洛伊德情绪世界的重要组成部分。他不仅需要有朋友，而且也需要有敌人，甚至还常常需要同时既是朋友又是敌人的人。这种心理需要形成了弗洛伊德多疑、嫉妒，很难与人长期共处的性格。

由于受反犹太主义者的排斥，在弗洛伊德3岁的时候，他们举家迁往莱比锡。在那里住了大约一年后，哥哥们带着妻儿去了英国，父亲则率领其他人一起搬到维也纳。

从莱比锡到维也纳的途中，弗洛伊德在一个偶然的场合，看到了母亲没穿衣服的形象，内心受到了震撼，这次经历唤醒了他幼小心灵中对性的敏感，成为他日后提出儿童性欲理论的基础。

弗洛伊德学龄前的启蒙老师有三人：第一个是在两岁半之前"又老又丑但很聪明的"保姆，教他生活的手段，并给他讲天主教的故事；第二个是母亲，教他识字；第三个是父亲，以《圣经·旧约》为课本，向他灌输犹太教的基本知识。然而，事与愿违，弗洛伊德在思想上从来不是真正的犹太教徒。伴随他一生的对犹太民族的感情，与其说是出于对犹太教的信奉，倒不如说是对犹太人所处的受歧视地位感到不平和对自己的民族血统的认同。

有一次，弗洛伊德弄脏了一张椅子。弗洛伊德便安慰他母亲说，他长大以后要买一张新椅子来赔偿。这个故事和前述买一张新床的故事一样，说明弗洛伊德从小就很善良，有志气。他把侵害别人看作自己的耻辱。

还有一次，当他5岁的时候，他父亲给他和他妹妹一本关于到波斯旅行的书，并纵容他们撕下书中的彩图。显然，他父亲这样做是很不严肃的，尽管它带有游戏的性质，但这是一种很难以理解的教育儿童的方式。这件事对弗洛伊德产生了相反的影响。从那以后，弗洛伊德产生了搜集书籍的爱好。

6岁的时候，他记得妈妈告诉他说："人是由泥土做成的，所以，人必须回到泥土之中。"他不相信这件事。母亲为了证明这件事，在他面前用双手擦来擦去，接着她指着双手擦下的皮屑说："这就是和泥土一样的东西。"弗洛伊德不禁吃了一惊。从此以后，他就在自己的脑海中经常听到这样的回音："你必定会死。"也就是说，母亲所说的"必须回到泥土之中"给他留下了很深的印象。

弗洛伊德七八岁的时候还尿床。他爸爸为此叹息道："这孩子一点出息也没有！"这是对弗洛伊德的精神上的一次打击。弗洛伊德后来说："这肯定是对我的抱负的很大的打击；所以关于当时的情景的幻影，后来一次又一次地出现在我的梦里。而且，在梦中，它们始终都同我的累累成果联系在一起，好像我想说：'你看，我已经做出了成果！'"据弗洛伊德的朋友荣格说，弗洛伊德一直到成年还患有遗尿症。所以，他幼年时，在父母卧室和自己的睡床上的遗尿，并非他的有意识的动作，他父亲对他的两次批评确实给了他沉重的精神打击。而且，弗洛伊德由这件事感到父亲不如母亲那样温暖。但真正对他的人生之路起到了重大影响的人，恰恰就是他的父亲。

在10岁以前，弗洛伊德是在家里接受教育的。负责对他进行教育的，一直是他父亲。他父亲的文化水平很低，但弗洛伊德有天赋，他对父亲教给他的每一种知识都能加以理解。他有很强的分析能力。在这种家庭教育中，弗洛伊德与父亲的关系比以往更深了。

弗洛伊德从10岁或12岁起，就经常陪同爸爸在维也纳街边的人行道上散步。散步活动后来就成了弗洛伊德的生活习惯，他经常单独散步。在维也纳大学学医时，散步是他的最主要的爱好。弗洛伊德也慢慢学会了游泳和滑冰。他一旦学会，就反复地抓紧时机进行实践。弗洛伊德说，他只要有机会，就到游泳池和河中去游泳。弗洛伊德的朋友钟斯说，弗洛伊德很喜欢到江河湖海里游泳，而且，弗洛伊德每次去游泳都表现得异常兴奋，真可以用"如鱼得水"这个词来形容。弗洛伊德对钟斯说过，他只骑过一次马，而且，骑时感到不太舒服。不管怎样，弗洛伊德是一个散步爱好者。当弗洛伊德65岁的时候，曾同六七个年轻的同事一起爬哈尔茨山，这些年轻人都是身体健壮的二十五六岁的小伙子。但不论在爬山速度还是在持久力方面，弗洛伊德都比这些小伙子强。当我们说到弗洛伊德对这些运动的爱好及其对弗洛伊德本人的体质所起的锻炼作用的时候，千万不要忘记所有这些的起点都是弗洛伊德的父亲在维也纳时经常带他出去散步。

弗洛伊德从学会读书起，就对历史和文学很感兴趣。对历史的崇高精神的深刻了解，使他从小就能比他的同辈更敏锐地揭示事物的症结所在。

在弗洛伊德的家庭生活中，弗洛佛德的这种异乎寻常的眼光，使他的父母由衷地感到欣慰。弗洛伊德家里经常召开"家庭会议"。在这些会上，弗洛伊德往往发表令人信服的意见，以致连他的父母也不得不放弃自己原来的意见，而采纳弗洛伊德的意见。

弗洛伊德因其过人的智力，加上平时的努力自修，9岁时就以优异的成绩通过了中学入学考试，比标准的中学入学年龄提早了一年。德国和奥地利的中学教育包括了中学的全部课程和大学预科的基本知识，是八年一贯制的。所以它比一般的中学多教了专业性知识。这种学校在德国和奥地利被称为"吉姆那森"而不叫"史学"。弗洛伊德从入学到毕业，始终都是优秀生。他读八年制中学的七年中，一直是班上的第一名。他无疑是德才兼备的少年。他在自传中说：在中学，我连续七年名列前茅，所以享受了许多特权，得以保送到大学里就读。

弗洛伊德17岁的时候，以"全优"的成绩毕业于吉姆那森学校。他的父亲为了奖励他，答应他到英国旅行一次。后来，在两年之后，他终于实现了多年来一直盼望着的到英国旅行的愿望。

弗洛伊德在中学时期学习非常勤奋。他经常主动帮助自己的妹妹们做功课，指导她们的复习，使她们能克服许多障碍，并逐步地学到有效的学习方法。他甚至充当了妹妹们的阅读指导人。他有时告诫她们不要过早地看一些不适宜的读物。例如，妹妹安娜在15岁时要看巴尔扎克和大仲马及小仲马的小说，弗洛伊德劝她现在不要着急看，这些书必须有一定的社会阅历再看。当然，这种劝告并不一定正确，但其体现了弗洛伊德的另一种性格——自信心强。

弗洛伊德有强烈的求知欲，总在孜孜不倦地看书。他不仅认真地学好所有的功课，而且喜欢看课外读物。他从来不感到读书是负担。看书和思索成了他生活中的大部分内容。他也经常同自己的同学讨论问题，探讨书中的真理，有时还为此发生激烈的争吵。为了不妨碍妹妹们的学习，每次在家里与同学讨论问题时，他总是把房门关得紧紧的。他很少满足于课文的简单内容，总是愿意以课文作线索，更深入和更全面地探索其他与此有关的问题。他所钻研的读物包括历史、文学、地理、数学、物理、化学、外语等。他经常做比老师留下的作业更多的练习。他喜欢解析那些难题，善于从那些好像没有解决希望的难题中发现突破口，然后，顺着问题本身所固有的逻辑去进行有条不紊的解析。他也善于创造问题本身所没有的、有利于解题的条件，借助于这些新条件，他可以使初看起来令人望而生畏的难题迎刃而解。

作为一名犹太人，弗洛伊德和定居于日耳曼人生活地区的其他犹太人一样，很善于吸收周围民族的文化养料。弗洛伊德精通日耳曼文学和语言。他阅读德意志文学作品，包括从古代到他生活的时代的一切优秀作品。弗洛伊德很喜欢歌德的作品，他以极大的兴趣阅读《浮士德》《少年维特之烦恼》等名著。弗洛伊德对莎士比亚特别推崇，8 岁就开始看莎士比亚的著作，而且读完了莎士比亚的所有著作。每当他阅读时，总要从莎士比亚的著作中摘引最精华的部分，背诵得滚瓜烂熟。他非常仰慕莎士比亚表达的精确和深刻，特别敬仰莎士比亚对于人生要旨的精湛理解。所以说，弗洛伊德简直就是一个"莎士比亚狂"。

弗洛伊德具有学习语言的天分，他精通拉丁文和希腊文，熟练掌握法文和英文，他还自学意大利文和西班牙文。

对于他的母语希伯来文，更是熟悉。他特别喜欢英语。有一次，他对钟斯说，在整整十年的时间内他所读的唯一的书就是英文书。可以看出，弗洛伊德少年时良好的教育为他以后创造伟大的理论打下了良好的基础。

在弗洛伊德的学说中，个体的青春期是人一生中最重要的阶段。从 1860 年起到 1873 年弗洛伊德大学预科毕业为止，弗洛伊德经历了从儿童到成年人的过渡期。在这段时间里，他不仅在思想上逐渐成熟，而且身体也逐渐发育成熟。

在 16 岁的时候，也就是在 1872 年，弗洛伊德第一次经历恋爱。其时，弗洛伊德回访了自己的出生地弗莱堡。他见到了多年未见的好朋友吉夏拉。吉夏拉的父亲和弗洛伊德的父亲一样是毛织品商人，他俩很小的时候就在一起玩。吉夏拉比弗洛伊德小一两岁，当弗洛伊德见到吉夏拉的时候，弗洛伊德满脸通红，心扑通扑通直跳，说不出一句示爱的话。吉夏拉离开弗洛伊德以后，他一个人留在树林内想入非非。他幻想着自己家如果不搬离弗莱堡的话，他就可以在弗莱堡或在它附近成长为一个粗壮的农村少年，并可以获得机会同吉夏拉结婚。弗洛伊德完全坠入了情海之中，这种幻想在此后几年一直伴随着他。

当弗洛伊德得知父亲和哥哥伊曼努尔打算让他在毕业后弃学经商并可能让他迁居英国曼彻斯特的时候，他就产生了另一个幻想——同伊曼努尔的女儿保莲，也是吉夏拉的好朋友结婚。据弗洛伊德的学说，弗洛伊德自己在这一时期出现的上述两个幻想都表明他的性发育已进入"青春发动期"的阶段。

第2章

成家与立业：弗洛伊德的家庭生活

对爱情始终如一

许多不了解弗洛伊德的人会认为，像弗洛伊德这样对性心理有特殊研究的人，一定是一个色情狂，或者是一个热衷于玩弄女性的恶棍。其实，恰恰相反。弗洛伊德对爱情和婚姻生活的态度始终是严肃的、正派的。对于弗洛伊德的爱情，直到1951年年底，当弗洛伊德和他的妻子死后，人们才有幸从他们的一大沓情书中看到其中的奥秘。

在他们订婚到结婚之间的四年零三个月中，他们分离了整整三年，弗洛伊德一共写了九百多封信给他的未婚妻。他和未婚妻的习惯是每天都要写信，偶尔中断了两三天，对他们来说就是很难受的事情。每当弗洛伊德没接到信的时候，他的朋友们就会开他的玩笑，调侃地表示不相信他真的订过婚了。他和未婚妻常常会一天写上两三封信。虽然写信次数如此频繁，但仍然未能充分表达他们深厚而炽烈的感情。他们的信都很长，好像有说不完的话要相互倾诉。四页纸的信对他们来说，就是很短的了。有时，他们的信会密密麻麻地写十二页之多，有一封甚至达二十二页。

玛尔塔·柏内斯是一位什么样的姑娘，她如何能让弗洛伊德如此的倾爱和迷恋呢？玛尔塔·柏内斯是一位美丽的犹太姑娘，1861 年 7 月 26 日生于书香之家。她比弗洛伊德整整小五岁。她的祖父伊沙克·柏内斯是正统的犹太教教士。在 1848 年前后社会上掀起改革运动的时候，他正在德国汉堡任犹太教大教士。他坚持正统，反对改革。显然，他是一位极其保守的人，极端仇视革命，唯恐改革触动几千年前早已定下的教规和教法，他视教法如命根子。但另一方面，他又同革命诗人海涅有密切来往。海涅曾在信中反复地提到伊沙克·柏内斯，把他称作"富有智慧的人"，足见老柏内斯是位很有学问的犹太学者。

在德国当局迫害海涅的时候，不是别人，正是伊沙克·柏内斯的一位弟弟在巴黎主办的《前进报》上刊登了海涅的一首诗。海涅在给这位编辑的信中，请他向正在巴黎流亡的卡尔·马克思致意。伊沙克·柏内斯的一个儿子——米凯尔，也是一位很有学问的犹太人。米凯尔是慕尼黑大学的德语教授，后来还成为德意志巴伐利亚国王的学术顾问。这位米凯尔还写了一部论歌德的著作。米凯尔还有两位兄弟，一位叫雅可布，另一位叫柏尔曼。柏尔曼就是玛尔塔的父亲。玛尔塔的父亲是一个商人，但他对犹太教非常虔诚，而且也很有学问。

玛尔塔一家人在1869年从汉堡迁往维也纳，当时，玛尔塔刚刚8岁。玛尔塔曾经回忆母亲离开汉堡时的悲伤情景——妈妈不忍离开汉堡，临行前，一边做饭，一边哭，她的眼泪掉在炉灶上，发出了哑哑的声音。到了维也纳以后，玛尔塔的父亲成为奥地利著名的经济学家罗伦兹·冯·斯泰因的秘书。1879年12月9日，柏尔曼突发心脏病，死于街头。他的儿子，也就是玛尔塔的哥哥埃力继承了秘书职位。

玛尔塔是一位娇弱可爱的姑娘。关于玛尔塔的美貌，弗洛伊德曾以他那一贯坦率的口吻回答玛尔塔的自谦："我知道你在画家或雕刻家的眼中看起来，并不算美丽；假如你一定要坚持用严格和准确的字眼的话，我必须承认你并不美丽。但在实际上，我是错误的。倒不是我有意奉承你，实际上，我也不会奉承。我的意思是说，你在你自己的面貌和身段方面所体现的，确实是令人陶醉的。你的外表，能表现出你的甜蜜、温柔和明智。我自己对于形式上的美,总是不太在意,不过不瞒你说,很多人都说你很美丽。"弗洛伊德还在信中写道:"不要忘记,'美丽'只能维持几年,而我们却得一生生活在一起,一旦青春的鲜艳成为过去,则唯一美丽的东西,就存在于内心所表现出来的善良和了解上,这正是你胜过别人的地方。"

虽然玛尔塔算不上是一位学识渊博的人,却是一位受过良好教育和聪慧的人。在她同弗洛伊德生活的那些年中,日常生活中的事务吸引了她的全部注意力,但她的才智仍然时时显现出来。

1882年4月的一个晚上,玛尔塔和她的妹妹明娜前往弗洛伊德的家中拜访。通常弗洛伊德下班后总是径直走进他的房间里去继续研究,根本不管客厅里有没有客人。但这次却不同,他看到一个美丽而快乐的姑娘坐在餐桌边,一边削苹果,一边高兴地谈天说地,他很快就被吸引住了。出乎家里人的意料之外,弗洛伊德竟参加了谈话。看来,那一眼是命运所安排的。这是一种缘分。往后他俩的幸福爱情似乎全是这一眼引起的自然延续。可是,在最初认识的几个星期内,他显得很不会交际,而且行动起来总是很不自然。

他不太敢直接地追求她。但他很快就感受到一种无形的精神压力和一股难以忍受的感情冲动。他说"因为对这样一位少女任何假惺惺都是不堪忍受的"，所以他终于冲破犹疑和呆板的束缚，下决心向她求爱。他每天送给她一朵红玫瑰，并附上一张名片，上面用拉丁文、西班牙文、英文或德文写上箴言或格言。他回忆说，第一次向她致意时，他把她类比成一个嘴唇会衔来玫瑰和珍珠的"神仙公主"。从此以后，他就经常用"公主"来叫她。

1882年6月8日，弗洛伊德发现她在为她的表哥马克斯·迈尔做皮包。他以为自己来晚了一步，十分懊悔和遗憾。但两天以后，他发现自己错了，玛尔塔对他已娇态毕露，显然他们之间的吸引力已经不是单方面的了。这时候，弗洛伊德才觉得自己有希望。第二天，玛尔塔准备给他送去她亲自做的蛋糕，上面写着"玛尔塔·柏内斯"。就在她要把蛋糕送去时，她收到了弗洛伊德送来的礼物——狄更斯的小说《大卫·科波菲尔》。于是，她在蛋糕上加上感谢的字眼。过了两天，即6月13日，她到他家去聚餐。弗洛伊德把她的名片留下来当作纪念品。玛尔塔很欣赏他的这种行为，在桌下把他的手按住了。他们之间的眉目传情都被家里人看到了，他们之间的感情也进一步沸腾起来。那个星期六，他们就订婚了。

1882年6月17日，是弗洛伊德和玛尔塔都永远忘不了的一天，因为在这一天，他们举行了订婚仪式。他们曾一连好几年，都要在每个月的 17 日那天庆祝一番。

充满幸福又有旧传统的家庭

从 1882 年 6 月订婚到 1886 年 9 月结婚，弗洛伊德不仅在感情上经历了多种复杂的考验，而且，在经济上承受了很重的压力。而恰恰这个阶段，弗洛伊德为自己的一生，铺垫了精神分析的理论基础。

在弗洛伊德订婚后的很长时间里，他几乎没有一刻不在心中挂念着何时可以结束订婚期。他的一切努力都是朝着这个方向进行。他一心想成名，希望能有较多的收入，得到一个安定的生活环境，以便能够和心上人结婚。但是，那几年状况始终没有得到彻底改善。所以，对他来说，这是一段在经济上艰苦奋斗的岁月。

弗洛伊德自己算过好几次，要想使自己在结婚后度过安稳的第一年，非得要有一千美元的准备金不可。但是，直到结婚的那一年，他才筹备了不到五百美元的钱。好在那时候玛尔塔那位富有的姨妈资助了他们，给他们提供了三倍于此的嫁妆费。

1886 年 9 月 13 日，弗洛伊德与玛尔塔正式结婚，共同过着幸福的生活。一年后，1887 年 10 月，弗洛伊德的大女儿出世。1889 年 12 月，他又得到了大儿子。弗洛伊德婚后的生活是美满幸福的。从 1886 年到 1891 年这最初的五年婚姻生活中，他中断了自己的研究工作，也没有发表学术论文。这一方面是由于他必须拼命工作，挣钱维持这个迅速膨大的家庭，另一方面，家庭生活也给了他温暖，使他沉浸在幸福之中。用弗洛伊德自己的话说，他已经别无所求，工作也不像从前那么卖力了。

然而，事实上弗洛伊德并不是严格意义上的好丈夫。他的内心深处始终有一种躁动不安的情绪。这种情绪在他的性格上表现为"暴虐的"大男子主义。他信奉维多利亚时代的观念，认为女人天生就比男人低一等，"让女人像男人那样为生活而挣扎是完全不符合实际的想法"。因此，他对玛尔塔的爱多少有一种统治者对被统治者的感情成分。他不给玛尔塔自由，不仅要求玛尔塔放弃她的"宗教偏见"，而且还有着一种莫名其妙的嫉妒心，要求玛尔塔放弃对任何别的男人的好感，甚至不许她对自己家的人保留感情。

弗洛伊德在日后提出精神分析学说时，还进一步为自己的大男子主义找到了"理论依据"。他认为女孩子从小就有一种对父亲的依恋情绪，这种情绪比男孩对母亲的依恋更难克服。女子往往要等到"生命的后期"才会最终放弃对父亲的依附感。这种依附感又因少女成熟后的"阳具嫉妒"而变得更加复杂起来。因此，女性的"超我"是很难顺利发展起来的。这些因素导致了女人比男人更加难以升华，心胸更加狭小，更不重视抽象的原理，社会责任感也更弱。女人由于"阳具嫉妒"而只得靠美貌、媚态来补偿在两性关系中的劣势地位。因此，女人比男人更加虚荣。对女人来说，被别人爱比爱别人重要得多。女人的目标就是年轻时做个受人敬慕的心上人，成年后做个受人挚爱的妻子。好在玛尔塔受的教育也是传统式的。她默默地接受了在家庭中的这种附属地位，一心一意地做个贤妻良母。她承担了所有的家务劳动，小心翼翼地安排本来就不多的资金，节俭度日，为弗洛伊德解除了后顾之忧。同时，玛尔塔还担负着对子女的教育，力图把孩子们培养成像他们父亲一样有作为的人。

反过来，尽管弗洛伊德在婚前对玛尔塔一往情深，但是结婚数年后，这种爱情就渐渐降了温。其中，既有他后来对研究工作过于专注的原因，也有时光对情感的淡化。确实，征服女人是激动人心的，可是一旦完成了这种征服，男人就不再享有原来那种征服感了。他自己也承认，"在 41 岁之后就再也没有性的激动了"。这通常被弗洛伊德的传记作者们用来证明他不是一个色情狂。其实，这同时也说明了弗洛伊德的夫妻生活并不美满。在感情深厚的夫妻之间没有性生活是难以想象的。事实上，有许多迹象表明，除了婚前的恋爱阶段和婚后最初的几年之外，弗洛伊德并没有对玛尔塔投入足够的感情。他一生酷爱旅游，喜欢到名胜古迹去观光。可是他往往选择与同事或者朋友同行，却把妻子留在家里。弗洛伊德对妻子似乎也没有对自己母亲的那种依恋之情。他直到老年都要在每周日早晨到母亲家去看望，并且邀请母亲来自己家中共进晚餐。这与他很少把自己的空余时间给别人，甚至也不给妻子形成了鲜明的对比。

由于人丁日多，需要的房间也越来越多。所以，1891年8月，他们搬到著名的柏格街十九号。那儿既宽敞、又便宜。一年以后，他们又租了楼下的几个房间，作为弗洛伊德的书房、候诊室和诊疗室。弗洛伊德在那里住了四十七年。在这所房子里，他们又生下另外三个孩子——一个儿子、两个女儿。这三个孩子分别生于1892年4月、1893年4月和1895年12月。

弗洛伊德是一位和蔼可亲、溺爱孩子的爸爸。每当孩子们患病的时候，他总是心焦如焚。当他的大女儿五六岁的时候，差一点死于白喉。在情势危急的时候，心乱如麻的弗洛伊德问她最喜欢什么东西，他得到的回答是"草莓"。那时候草莓已过了季节，但在一家有名的商店里，还可以买到。弗洛伊德不顾一切地去买回来。就在她要吞第一个草莓的时候，引起了一阵咳嗽，把梗在喉头的那些白喉假膜咳了出来。第二天，她的病就日见好转，人家都说，一颗草莓和一个爱子心切的父亲救了她的小生命。

玛尔塔一胎接着一胎怀孕，弗洛伊德家在九年之内生了六个孩子。弗洛伊德有时候帮助妻子照顾孩子，或者暑期带他们到山中进行一段采蘑菇的探险旅程，但大部分的家庭负担都落在妻子的肩上。虽然玛尔塔是个爱书成瘾的人，但她却无法成为弗洛伊德在精神分析领域的助手。她协助弗洛伊德处理家庭事务，使他安心研究，这是对弗洛伊德最大的安慰和帮助。

弗洛伊德后来成了一位出色的精神分析学家。弗洛伊德本人还曾以神经学家的身份在一家儿童诊所里工作了好几年，并发表了两大卷论述各种小儿麻痹症的著作，他也成了欧洲著名的神经学家之一。他在这一领域的多年工作，对他以后的精神分析学理论的形成无疑是很有影响的。

卧薪尝胆的日子

对弗洛伊德影响最大的是布吕克大师。1876 年到 1882 年的六年间，弗洛伊德在他的实验室里工作。弗洛伊德的工作成果让布吕克满意。他们拆解神经系统的谜题，一开始是低等鱼类，后来是人类。这些工作都达到他导师的精确要求与期望，弗洛伊德因此感到格外高兴。1892 年，在这位导师去世之后，弗洛伊德以布吕克的名字来命名他的第四个孩子，以示纪念。布吕克对弗洛伊德来说，一直是影响最深的人物。

布吕克的科学哲学对弗洛伊德的影响极大。他在气质上和信念上都是实证主义者，即把自然科学里发现的方法，运用到社会科学领域。

弗洛伊德在开始从事精神分析的时候是非常辛苦的。他每天工作十二个小时以上，每周工作七天，很少有休息的时间，从早上八点钟到下午一点钟，他要给五位患者进行精神分析治疗。吃过午饭休息两个小时之后，他又要接着给另外五位患者治疗。在九点钟吃晚餐之前，他忙得没有时间吃任何东西。

同时，由于精神分析是一种心灵的交流，所以弗洛伊德在为患者治病的过程中要受到很大的精神消耗。他必须集中精力倾听患者说的每一个字，注意患者的每一个语调变化，观察患者的每一个表情。他的座右铭就是："倾听任何说过两次，或者从未说过的东西。"与一患者的交谈刚结束，他又要紧接着和另一位病情可能完全不同的患者交谈。在这种情况下，弗洛伊德不得不用心记住每一位患者的病情，每天都要应付十来个有不同性格特征的患者。

在白天为患者进行了精神分析的治疗之后，晚上弗洛伊德仍不能很快休息。因为，与患者的交谈是无法同时用笔做记录的，这会引起患者精神上的紧张。所以，等到患者都离去之后，弗洛伊德还得回忆他们的病情以及为其治疗的全过程，并将这些情况一一记录在案。当完成了所有这些工作的时候，他已经精疲力尽了。他自己承认："入夜之前，我已经累得半死，说不出话来。"

毫无疑问，弗洛伊德所承受的辛劳是只有伟人才能承受的；而他所面临的问题也是只有天才才能回答的。像许许多多天才的著作刚一问世即遭冷遇的情况一样，弗洛伊德苦心写出的著作一开始也销路不佳。1891年出版的《论失语症》，弗洛伊德认为是他在神经学方面最有价值的著作，但一直到1960年，该书才被认为是"现代神经学的经典著作"。可是，《论失语症》的第一版只印了八百五十册，在前九年中仅售出二百五十册。同样，作为弗洛伊德代表作的《梦的解析》第一版也仅仅发行了六百册。十多天才卖了一百多册，而等到六百册书全部售完，已经是八年以后的事了。

当时的舆论界也没有给《梦的解析》以好评。该书在出版后的一年半时间里，完全被无声无息地排斥在专业领域之外。学术性刊物从来没有提及此书，而非学术性刊物对此书的评价则好坏参半。从发表的文章看，有的是一般性的赞同，有的则是外行人的辱骂，甚至有位从未读过此书的教授也撰文批评此书。

更为严重的是，由于弗洛伊德的学说涉及人们总是"身体力行"，但却从来都闭口不谈的性的问题，因此在当时许多人看来，他的著作无疑与廉价书摊上的黄色书籍是一路货色，而写这种书的弗洛伊德本人也只能是个淫棍。当弗洛伊德根据自己的临床经验提出性欲在引发神经病症中起重要作用，并向一些医学学会宣读有关论文的时候，他遭到的都是普遍的反对。连长期以来始终支持他的布洛伊尔教授最后也与他分道扬镳了。耐人寻味的是，这次分手并不意味着布洛伊尔根本不赞成弗洛伊德的性理论，应该说，他不像弗洛伊德那样有勇气公开承认这一事实。

为了发展精神分析的理论，弗洛伊德树敌众多，鲜有密友，敌意和讽刺不断，而弗里斯在这时成为弗洛伊德的亲密朋友。弗里斯其实是个病理数据家，为人很古怪，他的理论看起来有些极端：弗里斯把鼻子视为人体中最主要的器官，并且由鼻子控制全身的病痛和健康。他更执着于二十三天或者二十八天周期性的生理规律框架，认为不论男女均受这种规律主宰，医生可依此诊断各种身体的疾病、了解健康状况。这种理论现在看来缺乏科学性，然而，在当时确有许多国家的研究者发表赞同的意见。弗洛伊德在 1896 年 6 月对他表示赞赏："你让我知道，细微的真理隐身在每个可见的异常中。"弗里斯早在 19 世纪 90 年代中期的论文里，就考虑过婴儿性欲的问题，这比弗洛伊德还早。弗洛伊德接受了弗里斯的观点，同时进一步提出，某种性压抑是神经官能症的核心问题。他们都在试图说明身体的一个特定器官对其他部位产生影响。

在专业兴趣之外，弗洛伊德和弗里斯都同时扮演着两种角色：训练极佳的专业医生，却游走在被认可的医学领域边缘。他们同样是犹太人，面对社会可能遭遇相同的问题，因而产生了同为被迫害族群的手足之情。弗洛伊德甚至还想以弗里斯来为他的一个儿子命名，但天不从人愿，1893 年到1895 年间，他只生了两个女儿——苏菲和安娜。

1900 年在德国召开的有关心理学和精神病学的会议上，根本无人提及弗洛伊德的名字。而同年在美国召开的心理学会议上，则有人称弗洛伊德是"另一个'性'的信徒"。即使是后来他的性理论不断在医学实践中被证实，并且产生了重大影响的时候，也仍有一些人戴着顽固的道学眼镜来看他的研究成果。当有人在一次精神与神经病学会议上提到弗洛伊德的时候，一位德国教授竟拍案而起，大声骂道："这不是科学会议讨论的问题，而是该警察来管的事情！"甚至还有人把弗洛伊德提出性学理论与他所居住的维也纳的浪漫风格联系起来，进行无聊的诽谤。对此，弗洛伊德不无嘲讽地说：维也纳人比其他城市的人不过是少些压抑，多些性的自由，不像他们那样假正经罢了。

无论如何，当时所有这些责难对于孤立无援的弗洛伊德来说，无疑是重大的打击。在给布洛伊尔的另一位犹太学生、他的好友和忠实的支持者威廉·弗里斯的信中，弗洛伊德悲观地说，他的理论远远超出了时代，因而很难在有生之年被社会公认。而且，弗洛伊德的小诊所也因此有段时间找不到一个患者，这意味着他将无法继续挣钱养家。尽管如此，弗洛伊德自称已经"深陷于无聊和贫困之中"，但是，他仍有"足够的勇气来重建自己的理想"。他始终没有放弃自己的信念和追求。在弗洛伊德忍受孤立的日子里，弗里斯给了他巨大的支持和帮助。每当弗洛伊德有了新想法的时候，都要写信告诉弗里斯，而他也往往对弗洛伊德的观点表示热情支持。这种支持对弗洛伊德来说是非常重要的！他曾充满感情地对弗里斯说："我需要你做我的听众。"与此同时，弗里斯也经常在经济上支援弗洛伊德，帮助他摆脱困难的处境。

弗洛伊德与弗里斯之间的友谊从 1887 年布洛伊尔教授介绍他们相识，到 1900 年最后一次见面，前后一共持续了十三年。虽然他们此后都曾做出种种努力，试图保持这种友谊。但是，当弗洛伊德开始走出困境的时候，他们的友谊却结束了。这不能不说是一种遗憾。

第 3 章

思考与创新：精神分析学说的产生

精神分析理论初露端倪

做好精神分析必须对病人情况有全面的了解和掌握。聆听，对弗洛伊德来说，不只是一种艺术，而且成为一种方法，是了解病情之路。1889 年到 1890 年之间，弗洛伊德用催眠术为一位中年的富豪遗孀治疗。患者面部肌肉抽搐以及痉挛般的语言障碍，头脑中还伴随着不断出现死老鼠和扭动蛇体的幻觉。在治疗过程中，她表现出弗洛伊德极感兴趣的创伤记忆——她谈到一个表妹被送进疯人院，以及她母亲因为中风倒在地板上的样子。当弗洛伊德急切地追问时，她则显得不耐烦，有时甚至很暴躁。弗洛伊德发现，不能打断她的诉说，让她一点一点把故事讲完，自己也由此一点一点地积累对病人的认识。弗洛伊德认为："单靠催眠术方式的治疗，既没有感觉也没有效果。"弗洛伊德以此为拐点，开始精神分析的方法。如果说有一位医生，可以把自己的错误转化为洞察的来源，那就是弗洛伊德。

弗洛伊德用精神分析治疗，鼓励病人进行"自由联想"。这项全新医术的使用，与一个个案的历史纠葛有密切关系。冯尔小姐只在开始时接受短暂的催眠治疗。弗洛伊德在为病人检查时，表现出他特有的独到的观察能力，他在压、拧病人的大腿时，发现病人出现了性欲的反应。弗洛伊德这样写道："她脸上出现了一种特别的表情，一种近乎愉悦而不是疼痛的表情。她叫了出来——我不由地联想到，伴随着快感般的抽动——脸泛红潮，把头撇开、闭上眼睛，身体也随着向后弓起来。"她正在经历意识生活中自我否定的性欲快感。

弗洛伊德为冯尔小姐治疗的关键是谈话，而不是观察，他鼓励病人自由联想，当她沉默时，弗洛伊德会问她正在想什么。弗洛伊德不接受"没什么"这样的回答。弗洛伊德认为，这是一种抗拒，抗拒就是刻意地遗忘，这使得她出现越来越重的病情，除去她痛苦的唯一方式就是自由联想。冯尔小姐在与弗洛伊德谈话中，终于讲出了内心的秘密：她暗恋着姐夫，压抑希望姐姐死去的邪恶想法。在承认这个不道德的愿望之后，她结束了身心痛苦。

显然，这是一个生命低潮被驱散的个案。一个原先站立或行走都为腿疼所苦的歇斯底里病人，现在可以翩翩起舞。弗洛伊德，这位对其医学事业仍有矛盾情感的医生和研究者，已经可以因病人的恢复生机而自豪了。

弗洛伊德在婚后的前五年里，基本上中断了自己的研究工作。这不仅由于他沉浸在新婚的家庭温暖之中，而且也有医疗业务上的原因。刚从法国回维也纳的时候，弗洛伊德应邀向医学学会报告了他在沙考特那里见到的有关"男性歇斯底里"的病历。然而，人们已有的成见是很难改变的。维也纳的医学权威们很难接受男性歇斯底里的事实。在他们看来，男人没有子宫，因此根本不可能患歇斯底里症。结果，弗洛伊德的报告遭到了一致反对，他本人也受到了不应有的歧视。因此，他无法进入精神病研究所，无法找到讲授自己讲义的地方，无法在刊物上发表论文。他不得不暂时从学术生涯中退出来。

弗洛伊德所受的这一切不公正待遇，对他来说的确是沉重的打击。然而，有时候，坏事也可以变成好事。弗洛伊德从事医学理论研究的机会少了，相应的，从事医疗实践的时间就多了。正是由于他长期埋头从事大量的精神病治疗工作，积累了丰富的实践经验，才使他最终能够在理论上有重大的突破。

在对精神病的治疗过程中，弗洛伊德最初使用的是当时普遍流行的"电疗法"。可是，没多久他就发现，电疗法本身并不能治疗精神病，真正起作用的还是在治疗过程中医生对患者的心理暗示。因此，他大胆地把那些电疗器械撇到一边，而主要靠催眠暗示来治疗精神病。"催眠法"不仅比电疗法更加有效，而且还使弗洛伊德产生了一种创造奇迹的成就感。他对此颇为自得。然而，好景不长。弗洛伊德很快就遇到两个困难：一是他不能保证每一次为病人催眠都获得成功；另一个困难则是他经常无法把病人催眠到预期的深度。开始的时候，弗洛伊德还以为这是因为他对催眠的技术掌握得不够。于是，1889 年夏天，弗洛伊德去南锡找当时催眠术的权威伯恩海姆，在那里待了一个多月的时间，希望能提高自己的催眠技术。可是，弗洛伊德在南锡看到的却是伯恩海姆在他送去的病人面前束手无策的状况。因此，可以得出结论，催眠法还不是最可靠的治疗精神病的良方，应该找到更加有效的治疗方法。

尽管如此，患者在催眠过程中的种种表现，仍然给弗洛伊德留下了非常深刻的印象。他敏锐地察觉到，在已知的人的意识背后，很可能还有一种尚未发现的、然而却是非常重要的精神过程。这一想法对于弗洛伊德日后提出"潜意识"

的概念，乃至建立他的整个精神分析理论都是至关重要的。

精神分析成为医疗手段

1900 年，弗洛伊德在出版了《梦的解析》后，开始把注意力转移到人们的日常心理活动之上，力图以这方面的研究来进一步证明精神分析的学说，并把读者圈从医学专家扩大为一般受过教育的人。经过数年的努力，弗洛伊德在1904 年出版了《日常生活的精神分析》一书。在这部著作中，弗洛伊德通过对常人的笔误、口误和遗忘等一系列过失行为的心理背景进行分析，证明人之所以有这些过失行为是由于本来的记忆被压抑到了潜意识之中。所以，潜意识理论不仅适用于变态心理，而且也适用于常态心理。

由于多年被排斥在学术圈之外，也由于自己得意之作销路不佳，弗洛伊德在开始的时候对《日常生活的精神分析》不敢抱过高的期望。他在给弗里斯的信中写道："我不喜欢这本书，也不期望别人会喜欢它。"然而，由于弗洛伊德在撰写此书时尽量用生动而流畅的语言来表达他的思想，而没有过多地使用专业术语；书中包含了多年来搜集的趣事逸闻，后来还加配了许多插图，使此书的可读性大为增强，也更易于为常人所接受。因此，这本书成了最受一般读者欢迎的心理分析著作之一。在弗洛伊德的有生之年,《日常生活的精神分析》被译成十二种文字,并且还再版了十次。

从1900年年末到1901年年初,弗洛伊德有三个多月时间沉浸在对一位年轻女患者的病历进行整理、分析和研究之中。他为此付出了极大的精力,以至于在完成对这一病例的研究之后,他自称:"终于感到该吃些药了。"这一病历就是后来在1905年发表的《少女杜拉的故事》。弗洛伊德通过对这一病历的研究,进一步证明自己的潜意识理论,证明了人的性欲对神经疾患的决定性影响。所有这些对处于孤立状态中的弗洛伊德来说,无异于在精神上注入了兴奋剂,使他对自己理论的正确性有了更加坚定的信心。

事情的真正转折出现在1902年。维也纳的医生威廉·斯泰克尔为《梦的解析》一书所征服,写了一篇评论文章,赞扬弗洛伊德的思想具有独创性。其后不久,他又亲自到弗洛伊德的诊所,请求弗洛伊德为他进行精神分析。一年后,斯泰克尔也开始在自己的医疗实践中运用精神分析的方法。

从此,弗洛伊德逐渐有了一些追随者。除了斯泰克尔之外,弗洛伊德的两位学生马克斯·卡汉纳和鲁道夫·莱德勒,以及阿尔弗雷德·阿德勒都成了弗洛伊德的忠实信徒。

1902年秋,在斯泰克尔的建议下,弗洛伊德给这三位追随者写信，邀请他们来共同研究精神分析的问题。从此之后，四位学者每周三下午都要来到弗洛伊德的候诊室，讨论共同关心的问题。他们的讨论结果由斯泰克尔整理后，发表在《新维也纳日报》的周日版上。这个讨论会后来被称作"星期三心理学学会"。同年，弗洛伊德被维也纳大学医学院聘为神经心理学副教授。

随着1905年发表《少女杜拉的故事》，弗洛伊德开始把他的注意力集中到潜意识理论的核心问题，即性的问题之上。而且，《少女杜拉的故事》也为弗洛伊德对性的研究提供了生动的材料和依据。他把自己的研究成果写成三篇著名的论文：《性变态》《幼儿性欲》和《青春期的改变》。他把这三篇论文编成了一本书，题名为《性学三论》。在这本书中，弗洛伊德认为，性变态是摆脱了压抑后的某种爱欲的直接宣泄。人的欲望并非成熟后才有，而是从小就显露出来的。从幼年到青春期的成长过程中，任何一个时期的性欲得不到发展，都会导致神经的或精神的病变。

在弗洛伊德受孤立的时期，他的理论未得到承认，这除了有人们传统的偏见之外，还有一个原因，就是弗洛伊德没有提供精确的临床根据，也没有提出完善的理论证明。而在《性学三论》发表之后，情况就开始发生变化。

如果说，从1900年到1905年，随着《日常生活的精神分析》《少女杜拉的故事》和《性学三论》的发表与出版，使弗洛伊德逐步摆脱了孤立状态的话，那么，从 1906 年到 1910 年的五年就是弗洛伊德的思想逐步获得承认，并开始产生影响的五年。

1906 年 5 月 6 日，维也纳"星期三心理学学会"的会员们聚集在弗洛伊德家中，庆祝他的 50 岁生日。在快乐的气氛中，弗洛伊德接受了追随者们赠送的礼物。这是一枚纪念币，一面是弗洛伊德的侧面半身像，另一面则是俄狄浦斯见到斯芬克斯时的场面，旁边刻着那句名言："谁解开了这著名的谜，谁就是最有力量的人。"毫无疑问，在场的人都认为弗洛伊德就是最有力量的人。

在此之前一个月，弗洛伊德就与苏黎世的荣格建立了通信联系。他们从此成了好朋友，经常通信达七年之久。1907 年 2 月 27 日，荣格到弗洛伊德家拜访。两人谈得非常投机，有一种相见恨晚的感觉。当时荣格仅 32 岁，比弗洛伊德年轻 19 岁，他认为这次会谈是其一生中最兴奋的事。弗洛伊德也倍感高兴和意外，他觉得这次会见对他来说是一种解放，从此结束了他忍受近十年的孤独。他说："根本没想到，情况一下子就突然改变了。"他甚至称荣格为自己的"儿子和继承人"。这不仅因为当时他们两人在学术上观点一致，并且互有启发，更重要的是，荣格是纯亚利安人，他

038

的加入标志着精神分析的思想终于走出了犹太人的学术圈。

当年年底，荣格的助手阿伯拉罕也到弗洛伊德的寓所请教。次年初，又有布达佩斯的费伦克齐来访。他们都成了弗洛伊德的好朋友。

这段时间是在精神分析运动发展中值得大书特书的美好时光。1907年9月，在荣格周围聚集的一批热衷于精神分析的学者成立了"苏黎世弗洛伊德学会"。1908年4月15日，原来由弗洛伊德创立的"星期三心理学学会"正式更名为"维也纳精神分析学会"，并建立了自己的图书馆。

在英国人琼斯的建议和荣格的积极倡导下，1908年4月26日召开了萨尔茨堡国际精神分析大会第一次会议，有四十二名代表参加大会。会上共宣读了九篇论文。弗洛伊德的讲话赢得了一致好评。会上还决定在弗洛伊德的指导下，由荣格主编，出版一份《精神分析与精神病理研究年鉴》。这样，精神分析运动就有了自己的出版阵地，大师们再也不必为自己的论文找不到出版者而苦恼了。

8月，阿伯拉罕又在柏林建立了"柏林精神分析学会"，与荣格的"苏黎世弗洛伊德学会"和弗洛伊德的"维也纳精神分析学会"构成了精神分析运动的三大支柱。此时的弗洛伊德已经胜利地走出困境。他完全有理由相信，由他创立的精神分析运动将形成一场对人类思想文化的巨大革命。

这场革命的影响在他 1909 年 9 月对美国的访问中得到了初步的证实。那次访问是应美国马萨诸塞州克拉克大学校长斯坦利·霍尔的邀请进行的。同时被邀请的还有荣格。他们一起游览许多名胜古迹，第一次看电影，还参观纽约市大博物馆。博物馆中的珍藏使弗洛伊德眼界大开。他一生酷爱考古，喜欢搜集各种古董、文物。他甚至认为自己"读考古学的书比读心理学的书还多"，这并不是弗洛伊德在哗众取宠。因为，精神分析似乎真的与考古有着相同的渊源。精神分析研究的是如何了解个人的过去及其对现在的影响，而考古学则研究如何了解人类的过去，二者似乎有着异曲同工之妙。

在美国期间，最令人激动的是弗洛伊德的五次讲演受到人们热烈欢迎。克拉克大学还授予弗洛伊德名誉教授的职位。弗洛伊德对这一切非常感动，他发自肺腑地说："这是对我们的努力的第一次正式承认。"确实，他完全有理由感到高兴和自豪。他在自传中描述了当时的心情："在欧洲，我觉得大家好像都看不起我；但是在美国，我发现那些最优秀的人都能对我平等相待。"著名哲学家和心理学家威廉·詹姆士听了弗洛伊德的讲演之后，感慨地对来自英国的精神分析专家琼斯说："心理学的未来属于你们！"同时，弗洛伊德也获得了哈佛大学著名神经学教授普特南姆的全力支持。他的支持对于弗洛伊德的学说在美国乃至在全世界的推广都具有非常重要的意义。

从此以后，热衷于从事精神分析工作的人越来越多，精神分析的影响也越来越大。弗洛伊德再也不必为孤独和不被理解而感到苦恼了。但是，另一方面，他也面临了新的挑战。他需要考虑如何引导整个精神分析运动在团结和谐的气氛中，沿着正确的道路健康地发展下去。事实证明，这场运动从开始就孕育了分裂的种子。维持精神分析运动内部的团结并不比争取被理解容易些。

科学探索的曲折之路

1891 年，弗洛伊德的第一本专著《论失语症》问世。这标志着他突破了重重困难，开始重新返回到学术生涯之中。在这本著作中，弗洛伊德揭示出人们在日常生活中发生的口误和由于大脑受损伤而引起的语言障碍在本质上是极为相似的。因此，人们语言障碍不仅由大脑的器质性损伤所造成，而且也有可能受幼年的心理压抑影响。

在从伯恩海姆那里进一步证实了催眠术的局限后，弗洛伊德连续几年深入研究了这一问题。考虑到布洛伊尔曾在 1880 年至 1882 年用"谈话疗法"治愈了一位患歇斯底里症的女青年安娜·欧，因不能肯定这一病例是否具有普遍性，弗洛伊德就开始在自己医治的患者身上着手进行验证。而结果表明，布洛伊尔的方法确实是行之有效的。在积累了大量的临床病例之后，弗洛伊德终于向布洛伊尔提议合著一本有关歇斯底里症的书。

1893 年，弗洛伊德与布洛伊尔合作的序言性通信《歇斯底里现象的心理机制》出版了。两年之后，又出版二人合著的、后来产生了重大影响的《歇斯底里症研究》一书。该书的内容要点来自布洛伊尔，主要说明了产生歇斯底里症的情绪上的原因。书中认为，人体内的能量是守恒的，一个方面的能量受到了压抑，就会从另一个方面发挥出来，因而有可能引发歇斯底里症。那么，治疗歇斯底里症的方法就应该是把误入歧途的情感引入正轨。布洛伊尔称这种方法为"宣泄法"。在这本书里，弗洛伊德第一次提出了歇斯底里症背后的性功能障碍，但是还没有像后来那样对此进行专门强调。人们广泛认为，该书的"精神疗法"一章开了精神分析的先河。

然而，代替催眠术的宣泄法也有其难言之隐。在使用宣泄法的时候，医生和病人必须建立一种牢固的个人之间的关系。否则，病人不会对医生讲述自己患病的实情，病人的情绪也得不到宣泄，那么，这种方法就根本无法起作用。由此可见，在整个治疗的过程中，医生与病人之间的个人情感关系要比宣泄本身重要得多。更令人难堪的是，一位与弗洛伊德配合得最好的女病人有一次在接受宣泄法的治疗之后，突然搂住了弗洛伊德的脖子，要不是碰巧有位女佣人走了进来，弗洛伊德还真不知道该怎样从这种尴尬的局面中解脱出来。而当年布洛伊尔在治疗安娜·欧的疾病时，也是由于遇到同样的问题而止步的。显然，宣泄法不能再使用下去了。

但是，弗洛伊德并没有像布洛伊尔那样停步不前。他清醒地看到，不管是催眠术还是宣泄法，都是为了使患者讲出压抑在内心深处的东西，从而使精神得到解脱。为了达到这一目的，弗洛伊德试着让患者集中精力思考压抑在自己内心中的东西，并把它讲出来。他把这种方法称作"精神集中法"。

然而，精神集中的过程也就是精神紧张的过程。在使用精神集中法的时候，患者往往很难说出受到压抑的东西。因此，弗洛伊德很快就改而坐到患者背后看不到自己的地方，引导患者放松肌体和思想，随意地讲述任何想要讲述的东西，甚至包括那些闪过大脑的零星念头，然后再对患者所讲的东西进行分析。结果，正如弗洛伊德所期待的那样，患者在随意之中，往往都能讲述出压抑自己心灵深处的东西，再经过弗洛伊德的解释，终于摆脱了压抑。这种方法就是后来成为精神分析的基础的"自由联想法"。

到 1896 年，弗洛伊德完全抛弃了催眠法，把自己创立的医疗技术正式命名为"精神分析"。随着进一步的医疗实践，弗洛伊德越来越清楚地认识到，所谓引起歇斯底里症的情绪上的原因，不是什么别的因素，而是性的本能。这是由患者当时的性冲突，或是由于患者儿童时期的性经历造成的。弗洛伊德显然并不是有意期待着这个结论。但是，作为一个有责任心的医学工作者，他毫不犹豫地重视性问题，并且开始询问每一位神经症患者的性生活。

结果，答案仍然是肯定的。弗洛伊德的每一位神经症患者都存在性功能方面的问题。于是，在总结大量临床病例的基础上，他进一步把这种病症分为两类：一类是"焦虑性神经症"，是性交中断、未达到性高潮或节制性欲等反常的性生活造成的；另一类则被称作"神经衰弱症"，是手淫或梦遗过度的产物。如果能改善患者的性生活，就有可能相应地改善其神经系统。因此，神经症与性生活之间有着必然的因果联系。

在弗洛伊德与布洛伊尔合著的《歇斯底里症研究》一书中，曾经提出在神经疾患背后的更深层次的病因。弗洛伊德在其后的研究中进一步证明了这种病因无一不和人的性经历相关。但是，提出了问题，并没有解决问题，并没有说明人的潜意识是何时、又是如何被压抑的。这就需要深入研究人的潜意识。因此，弗洛伊德开始了他对潜意识的研究。

弗洛伊德回忆起童年的往事，并根据对自己所进行的分析推断出，所有人的心理、行为、情感和性格特征都与童年的心理发展相关。而童年的心理发展又受性欲发展的制约。人的性欲并非成年后才有，而是从小就有的。弗洛伊德意识到，自己儿童时期有关父母的心理状态就是对异性一方的恋情和对同性一方的嫉妒。这一假设后来又得到了大量临床上的验证。在经过了一段时间的犹豫和"无助的彷徨"之后，他终于勇敢地接受这一事实，并准备将此事实公布出来。这就是后来著名的"俄狄浦斯情结"。俄狄浦斯这个名称来自古希腊神话故事。俄狄浦斯的父亲是位国王，他求得阿波罗的神谕，得知自己将会有一个儿子。可是，儿子长大后将杀死自己的亲生父亲，并且娶亲生母亲为妻。为了避免发生这一悲剧，国王派人把俄狄浦斯的足踝刺穿，并用皮带捆住，抛到荒郊野外去喂狼。可是俄狄浦斯被一位牧人救了起来。他长大后在流浪中杀死了一个与他争吵的老人。后来，由于他回答了"斯芬克斯之谜"而被拥戴为国王，娶了原来的皇后为妻。在相继得到四个孩子之后，他才知道，被他在流浪中杀死的那个老人竟是自己的亲生父亲，而他娶的皇后则是自己的亲生母亲！为此，俄狄浦斯深感无地自容，他戳瞎了自己的双眼，再次到处流浪。弗洛伊德借这个神话传说来表达每个男孩都曾经有过亲近母亲而仇恨父亲的心情。

与此同时，弗洛伊德也试图通过对梦进行分析来进一步加深对潜意识的理解。他认识到，由于梦不受意识支配，所以就有可能通过对梦的分析来进一步了解精神病患者的病因，从而对其进行有效的心理治疗，用他自己的话说："梦是通向潜意识的大道。"

因此，弗洛伊德每天早上起床后都要首先记录自己刚做过的梦，并对这个梦进行分析。在对患者的治疗过程中，他也搜集了大量患者所讲述的梦。通过对这些梦的分析，弗洛伊德进一步加深了对梦的理解。

1896年5月2日，弗洛伊德在犹太学术厅作了关于梦的讲演。1897年，在广泛地搜集了二百多位患者的两千多个梦，并对这些梦进行了深入细致的研究之后，弗洛伊德开始着手撰写一本关于梦的书。他把这本书命名为《梦的解析》。

经过两年的艰苦努力，1900年，《梦的解析》终于出版发行。弗洛伊德为了科学地研究人的梦境，并深入地揭示人的潜意识的实质，毅然引述了许多自己做过的梦，把自己精神上的隐私大胆地公之于众。在深入细致地对梦进行分析的基础上，弗洛伊德得出结论，人并不像通常所说的那样"日有所思，夜有所梦"，而是力图将自己清醒时无法完成的事情在梦中加以实现。所以，"梦是愿望的实现"。

同时，通过对梦的分析，弗洛伊德也进一步证明了关于潜意识的理论。因为，人在意识清醒的时候是不会做梦的，而人做梦的事实本身也说明了在平时受压抑的潜意识可以自由活动的时候，人才会做梦。

弗洛伊德本人是颇以《梦的解析》一书为荣的。他认为，《梦的解析》和后来出版的《性学三论》是他最喜欢的书，并希望《梦的解析》能流传得更久远一些。

然而，新理论的被承认并不是一件容易的事。开始的时候，事情没有像弗洛伊德所期望的那样顺利发展，在新理论被广泛接受之前，弗洛伊德还不得不忍受一段孤立的日子。

弗洛伊德的目的，就是"提供一种科学的心理学，也就是，可以用量化方式来验证标定内容质地的心理过程，并使得这些过程清晰可见而稳定一致"。他要描绘心理机制如何运作，这个机制如何接受、控制和解释各种兴奋状态。他以一种突兀的乐观语调，向自己的好朋友弗里斯概述这个计划："每件事都紧密结合，控制机制配合得刚刚好，让人有种印象，这东西不久将可以独立运作。这包括神经元的三个系统；自由或束缚状态的数量，初级与次级的心理程序；神经系统之主要倾向与折中作用；注意与防卫这两种生物规则，对于质量、真实性与思路的指标；心理性欲群组的条件，也就是关于压抑的性欲决定观。还有最后，作为知觉功能的意识因子——这些以前都是正确的，而且现在还是！当然，我无法遏制自己全然的欣喜。"

弗洛伊德机械式的比喻，以及他自己创造的词，包括"神经元""数量""注意与防卫这两种生物规则"，还有其他的学术语言，来自他的医学训练与在维也纳总医院的行医经验。弗洛伊德试图建立自然科学心理学，以及基础坚实的神经医学，这符合他做一个实证主义者的愿望。在《精神分析纲要》这本书中，弗洛伊德断然宣告，在精神分析中对潜意识的强调，为的是让精神分析可以具有与其他自然科学一样的地位。

第4章

自我分析之路：梦的解析

自 我 分 析

　　1896年夏天，弗洛伊德的父亲病危，10月23日去世。弗洛伊德写信给弗里斯说："父亲的死对我影响很大，我对他非常尊敬，我非常了解他，他以独特的性格混杂着深邃的智慧和奇想式的轻松，对我影响很深远。"父亲的死，使弗洛伊德忆起内心最深处的自我。对一个中年的儿子来说，面对高龄的父亲的寿终正寝，这样的反应不多见。弗洛伊德的哀恸在强度上有些不寻常，同时，他把这个经验拿来作为科学探究，也不寻常。他控制了自己失去亲人的情绪，并且从中为他的理论搜集资料。

在那些悲痛的日子里，他把从自己身上所观察到的一个现象，叫作"幸存者的罪恶感"。许久之后，为了分析这个困扰他已久的经验，他将其与罪恶感出现联结起来：他超越了父亲（所能达到的成就），而这应该是被禁止的。弗洛伊德在自我分析时发现，一个人在与自己的俄狄浦斯情结斗争时，不论克服或失败都是危险的，他反省自己在整个服丧过程中的思想，试图把感性认识上升到理性认识。

　　借父亲的死，弗洛伊德从深沉的个人经验中提取普遍性的理论，像是一颗小石头投到平静的湖里，激起了一波波广泛的回应。在1900年《梦的解析》中，弗洛伊德重新反省这个事件，只有当他"完成这本书之后才能够理解到"，这是"一份自我分析，对父亲死亡的一种反应；这可以说是一个最具意义的事件，一个男人一生中最具决定性的丧失经验"。可以说弗洛伊德对自身经历的特殊本质相当敏感，以至于他的反对者对弗洛伊德推论的出发点加以攻击："善于思考的读者，总是用自己的想法来阅读他人。"

　　1896年，弗洛伊德已经准备将他的想法付诸文字，在是年初写的一篇《防御的精神疾病》的论文中，他通过对十三个个案的观察分析后提出，这些歇斯底里的心理创伤都发生在儿童时期（也就是青春期之前），而其内容必定具有对生殖器的真正刺激（在可以进行真正性交之前）。正如强迫症的官能症患者在性欲活动的表现上出现早熟的情形，他们同时也出现歇斯底里的症状，因此他们在儿童期就是性创伤的受害者。弗洛伊德进一步指出，分析过程所揭示的童年时期，对病人来说都是不堪回首的过去。

自我分析看起来是个矛盾的词，但是弗洛伊德的自我探险，已经变成精神分析中令人珍惜的宝石。19世纪90年代中期，他所进行的自我分析，可以说是精神分析极具代表性的奠基行为。有趣的是，弗洛伊德并没有把自我检查与完整的分析等同起来。在他著名的《日常生活的精神分析》一书中，他谈到一个折中的办法，叫作"自我观察"。他回忆自己如何在43岁那一年，把兴趣转向包括童年在内的剩余记忆。这样听起来，就不像自我分析那么苛刻，也不使人觉得高不可攀、令人畏惧。

弗洛伊德委婉的说法是正确的，因为精神分析不管怎样带有片面性，其实质仍是一种对话。分析者虽然多半是个沉默的伙伴，却会提供被分析者自己无法触及的解释方式。如果分析者自己可以处理，依照弗洛伊德的说法，就不会有精神官能症的出现了。当病人怀着自大妄想或者被罪恶感所纠缠，使他的心理世界处于扭曲变形状态时，分析者既不是去赞赏他也不是去责难他，而只能简明扼要地指出被分析者实际表达的意思，并提出治疗方案。更重要的，在自我分析中可能无法做到的是，分析者——通常是以匿名或是被动地倾听——把自己当作一块布幕，提供给被分析者来投射他的情绪，他的爱憎、希望或焦虑。这个移情作用，作为精神分析的搜集工作，是两个个体间的相互交流。

不管怎么说，弗洛伊德在19世纪90年代末期让自己经历了一种全新的自我检视，一种精练的、穿透的、不停的审视，对象是他片段的记忆，被自己掩盖的欲望与情感。穿透这些撩拨人的一点一滴，他拾起已湮没的早期生命中的残片，并且借助他临床经验，从极端个人化的经历中，试图描绘出人类本质的轮廓。这项工作没有前人的经验可借鉴，没有指导者，但是在他踽踽独行的过程中，必须找出其中的规则。那些发觉自我的自传书写者，从奥古斯丁到卢梭，不论怎么穷尽其顿悟或坦白反省的历程，与弗洛伊德所获得的成就相比都显得逊色。

弗洛伊德进行自我分析的方式，就是他发展出来的自由联想，而他主要依靠的素材就是他的梦。当然他没有把自己限制在梦的讨论里，他同时也搜集自己的回忆，失误的话语或写错字的内容，援引诗歌时忘记的其中的一句，某个朋友的名字等等，并让这些材料经过自由联想"自然地绕道"，把他带进一个不同的想法中。但是梦的材料才是他最为依赖也是最大量的资讯来源。19世纪90年代中期，他就是用解释梦境的方式，阐释病人神经官能症的核心问题。他也认为："就是这些成功的例子让我一直努力不懈。"

弗洛伊德在给弗里斯的信件说明这个过程是个困难的工作，有时令人欣喜，有时令人沮丧。在一封信中，他这样写道：四天以来，为了厘清整个问题而不可缺少的自我分析，持续出现在梦中，并且给了我宝贵的解释和线索。这时他回想到的材料，包括他婴幼儿时期的天主教保姆、对母亲裸体的一瞥、希望弟弟死去的愿望，以及其他儿童时期压抑的记忆。这些记忆未必全然正确，但是幻想是我们通向自我认识不可缺少的路标。

《梦的解析》开辟人类心理探秘新途径

弗洛伊德在 1896 年第一次使用"精神分析"这个历史性的名词，在此之前，弗洛伊德不断创新，将其诊疗方式从催眠术转为谈话治疗，到 19 世纪 90 年代中期发展为精神分析。在这个过程中，他打破了某些传统观念，不断地修补他的心灵图像，精炼精神分析的技巧，逐渐修正精神分析理论中关于驱力、焦虑、女性性欲的部分，甚至涉及艺术史、哲学、人类学、宗教心理学，以及文化评论等领域。

1895 年至 1900 年是弗洛伊德创作最旺盛的年代。

1900 年他出版了《梦的解析》。书中不仅讨论了过去所有观察者感到束手无策和困惑莫名的梦境生活问题，以及产生梦的复杂机制问题；而且也讨论了心理深部、无意识部分的作用方式和结构。这本书谈的不只是梦，更是一本既坦率又谨慎的自传，书中的许多观点令人称奇，许多分析鲜为人知。关于俄狄浦斯情结、压抑的作用，以及欲望与防卫方式之间的抗争，提供了大量的个案历史作为参考。弗洛伊德在这本书的第二版序言中承认，这本书"并不好读"。

《梦的解析》这本书被誉为改变人类历史的书，是他的精神分析理论体系形成的一个重要标志。然而有趣的是，此书开始没有引起人们的注意，到 1908 年才出第二版。可到了后来，随着人类对精神系统的认识不断深化，它竟被西方许多学者看作一本震撼世界的书，以至名声大噪，经久不衰，在作者生前就出了八版。此书在各版中一直没有重大修改，每次版本只是增加注释或略有补充。此书被翻译成多种文字。

为了证明自己的结论是正确的，弗洛伊德搜集了大量资料。后随着对梦研究的不断加深，其梦的理论日臻完善。1896 和 1897 年，他已在维也纳犹太学术厅多次作了有关梦的演讲。1897 年开始进行自我分析，促使他进行自我分析的契机是他父亲的去世。弗洛伊德写道："我一直高度地尊敬和热爱他。他的聪明才智与明晰的想象力已经深深地影响到我的生活。他的死终结了他的一生，但却在我的内心深处唤起我的全部早年感受。现在我感到自己已经被连根拔起来。"弗洛伊德说，自此之后，就导致他写《梦的解析》这本书。《梦的解析》是弗洛伊德对人类学、宗教、心理学和文学著作进行了五六年的研究，又连续两年对自己所做的梦作了分析之后写出来的。

在这部独创性的著作中，弗洛伊德主要分析了梦的形成、凝缩，梦的转移和梦的二重加工；讨论了梦的隐含内容；解析了愿望满足的原理；描述了俄狄浦斯情结；还说明了幼儿生活对成人心理产生的不可避免的影响。弗洛伊德在《关于自传的研究》里曾经预言，从写作《梦的解析》的时候开始，精神分析已不再是一门纯医学的学科了。此书在德国和法国出版，把它的多种应用的历史，引向了文学和美学、宗教史和史前史、神话学、民俗学、教育学等。这些东西与医学没有太多关系。事实上，只是由于精神分析，它们才产生了联系。

作为精神分析理论体系形成标志的《梦的解析》一书，1956 年美国唐斯博士把它列为"改变历史的书""划时代的不朽巨著"之一，这是一部与达尔文的《物种起源》及哥白尼的《天体运行论》并列为引发人类三大思想革命的书。

弗洛伊德通过对梦的科学探索和解析，发掘了人性的另一面——潜意识，揭开了人类心灵的奥秘。

人类对做梦的较为严谨的科学研究始于 19 世纪。1886年，梦学专家罗伯特认为，人在一天的活动中有意或无意地接触到无数的信息，必须经过做梦把这些信息释放一部分，这就是著名的"做梦是为了忘记"的理论，这个理论在一百年后的 20 世纪 80 年代又开始重新流行。在罗伯特以后不久，又出现了弗洛伊德心理学解梦理论。弗洛伊德认为，人不停地产生着愿望和欲望，这些愿望和欲望在梦中通过各种伪装和变形表现释放出来，这样才不会闯入人的意识，把人弄醒，也就是说梦能够帮助人排除意识体系无法接受的那些愿望和欲望，是保护睡眠的卫士。弗洛伊德的理论从 20 世纪初一直流行到 20 世纪 60 年代。

《梦的解析》的主要内容

1900 年以前有关梦的研究

人为什么会做梦，梦有什么意义，梦对人有什么影响，千百年来占梦学家、心理学家以及神经生物学家一直苦苦求索。然而，尽管众说纷纭，但至今仍未能找到解开这个谜题。科学问世以前对梦的观念，当然是由古人对宇宙整体的观念所酝酿而成的，他们惯于将其精神生活投射于假想的外在现实。原始时代所遗留下来对梦的看法迄今仍深深影响一般守旧者对梦的评价，他们深信梦与超自然的存在有密切的关系，一切梦均来自他们所信仰的鬼神所发的启示。因此，它必对梦者有特别的作用，也就是说梦是在预卜未来的。在亚里士多德的两部作品内容中曾提及梦，但是他们以为梦是心理问题，它并非来自神谕，而是一种精力过剩的产物，他所谓的"精力过剩"，意指梦并非超自然的显灵，而仍受制于人类精神力的法则。在亚里士多德以前的作者们并不认为梦是一种精神活动，而坚持是神谕的所在，因此，自古以来，这两种不同的说法就一直无法妥协。古人曾试图将梦分成两类，一种是真正有价值的梦，它能带给梦者预告或预卜，而另一种无价值空洞的梦只是带来困惑或引入歧途。

　　他们所看的梦端是白天醒来后所残留的梦相，而这方面的记忆较之其他精神内容，当然显得陌生，且不寻常，仿佛是来自另外一个世界。但我们也千万不要以为这种视梦为超自然力的理论今日已不再存在。事实上，就是一些社会中的佼佼者，他们的宗教信仰使他们深信神灵之力确实是这种无法解释的梦的现象的原因，某些哲学学派也深信古来相传的神力对梦的影响，对某些思想家而言，梦的预卜力量也仍无法完全抹杀。尽管科学家们已清楚地意识到这类迷信的不可信，但所有这些纷纭不一的歧见之所以仍会存在，主要还是因为心理学方面的解释仍不足以令人信服，要想将有关梦的科学研究历史作一整理实在是一大难事，因为有些研究在某段时期确实十分有价值。

1900 年以前，有关梦的经典理论都认为，梦是以象征的方式，表明已经发生或正在发生或将要发生的事物。弗洛伊德不同意这种看法，他指出，梦不是什么预卜未来的神谕，而只是做梦的人在不清醒状态时的精神活动的延续。他明确地提出，梦的内容多数是最近的以及孩提时代的资料，并根据对自己的梦的分析，相信几乎每一个梦的来源，都是做梦前一天的经验。他解析说，只要是外界给神经的刺激和肉体内部的刺激的强度足以引起心灵的注意，即可构成产生梦的出发点和梦的资料的核心，并按照"复现的原则"，使某种心灵上的印象得到重视。

梦的解析方法

弗洛伊德认为，一个人无法把整个梦作为集中注意的对象，只能够就每小部分逐一解释，并认为同样的一个梦对不同的人、不同的关联将有不同的意义。在弗洛伊德看来，梦不外乎是一大堆心理元素的堆砌物。有关释梦的技巧，他在给精神病患者伊玛治疗歇斯底里症的过程中有了明晰的运用，弗洛伊德相当自信地说："我相当满意于这个刚刚分析所得的发现——如果遵循上述这种梦的分析方法，我们将发现梦是具有意义的，而且绝不是一般作者对梦所说的：'梦只是脑细胞不完整的活动产品。'相反的，一旦释梦的工作能完全做到，可以发现梦是代表着一种'愿望的达成'。"所以，他说"梦的内容是在于愿望的达成，其动机在于某种愿望"。

梦是愿望的达成

弗洛伊德提出了关于梦是欲望的满足的学说。梦在一定程度上满足了本能欲望，缓和了冲动，又不至于唤起检查机制的警觉，从而保护了睡眠。从这个意义上讲，梦是愿望的达成。但在梦的状态下，心理检查机制仍发挥相当作用，使本能欲望不能赤裸裸地表现自己。因此本能欲望只能采取象征的、曲折隐晦的手法来求得自我表现，以逃避检查。

弗洛伊德从梦是主观心灵的动作这一前提出发，肯定所有的梦都是以自我为中心并都与自我有关，即使自我不在梦中出现，那也只是利用"自居作用"隐藏在他人的背后。他强调说，从每一个梦中，都可以找到梦者所爱的自我，并且都表现着自我的愿望。例如，囚犯的梦"没有比脱逃更好的主题了"。弗洛伊德认为，梦是有意义的精神现象，其动机常常是一个寻求满足的愿望。梦是因愿望而起，它的内容是愿望的达成。梦不仅使思想有表现的机会，而且借幻觉经验的方式来表示愿望的满足。

关于梦是愿望的达成，他举了许多实例。其中一个是他5岁的小儿子的梦。有一次，他们全家到达赫山脚下去游玩。小儿子由于常用望远镜看山上的西蒙尼小屋，因此他并不满足于在山下玩。但父母并没有带他上山，他当时不太高兴。第二天早上，他神采飞扬地跑过来告诉弗洛伊德："昨晚我梦见我们走到了西蒙尼小屋。"弗洛伊德说：我现在才明白，当初我说要去达赫山时，他就满心地以为他一定可以由荷尔斯塔特翻山越岭走到他天天用望远镜所憧憬的西蒙尼小屋去，而一旦获知他只能以山脚下的瀑布为终点时，他太失望了，太不满足了，但梦却使他得到了补偿。

梦是愿望的实现，对孩童而言，这种实现是十分简单、直接的。每个人在其心灵内部，均有两种心理步骤（或倾向、系统），第一个在梦中表现为愿望的内容，第二个则扮演着检查者的角色，对前者加以检查、压抑、变形，形成梦的改装。有些梦中不愉快的内容只不过是愿望造成的变相改装。一个愿望的实现往往隐蔽另一个愿望的实现，只有经过最后层次的分析才能找出最初某种愿望。

在弗洛伊德看来，人的潜意识层次的"原欲"（利比多）是梦的愿望的核心和梦形成的根本动因，因此，泛性论是其关于梦的理论的突出特点。梦的解析就是释梦者调动梦者的自由联想、辅之以自己对梦的象征的知识，由梦的"显意"推知"隐念"的过程。

可见，梦是潜意识的自我表现。潜意识被压在人的心灵的最深处，但它很活跃，千方百计要突破潜意识的领域冒出来。当"自我"在既要休息又得不到完全休息，即自我处于浑浑噩噩的状态而放松了戒备的时候，潜意识便开始活动，于是出现了梦。

由于做梦的人有不少愿望是违反道德的，于是潜意识便以改头换面的形式冒出来。梦之所以奇特而不可理解，是由梦的改装造成的。既然梦经过多次改装，那么就必须通过精神分析法才能作出解释。

梦的改装

也有人译作"梦的伪装"。弗洛伊德认为，潜意识中的本能冲动（从本质上说是性欲冲动）趁人睡眠时以伪装的形式骗过有所松懈的心理检查机制而得以表现，就构成了梦境。如果说愉快的、欢乐的、幸福的梦是愿望的实现，那么怎样理解不愉快的甚至痛苦的、悲惨的梦呢？弗洛伊德的回答是，无论怎么不愉快的梦，都不外乎是愿望满足的一种"变相的改装"。他认为："一个愿望的未能满足，其实象征着另一愿望的满足。"因为做梦的人对此愿望有所顾忌，从而使这一愿望只得以另一种改装的形式来表达。"梦是一种（被压抑的、被抑制的）愿望的（经过改装的）满足。"这就是弗洛伊德叙述梦的完整的公式。有了这么一个公式，不管什么样的梦，便都可以纳入"愿望的满足"这个范畴了。

弗洛伊德进一步分析说："有些是非常显而易见的愿望实现。而一旦愿望实现，有所'伪装'或'难以认出'，必表示梦者本身对此愿望有所顾忌，而因此使这愿望只得以另一种改装的形式表达之。"为了说明这种"变相的改装"理论，弗洛伊德提出了两种科学假设："我们须假设每个人在其心灵内，均有两种心理步骤或谓倾向、系统、心理力量，第一个是在梦中表现出愿望的内容；而第二个却扮演着检查者的角色，形成了梦的'改装'。"同时，再作"一个合理的假设：凡能为我们所意识到的，必得经过第二个心理步骤所认可；而那些第一个心理步骤的材料，一旦无法通过第二关，则无从为意识所接受，而必须任由第二关加以各种变形到它满意的地步，才得以进入意识的境界"。然而，每一个梦，要想证明出其中之秘密意义确乎在于愿望的实现，或要指出其改装情形等，的确是需要一番努力分析。

梦的材料与来源

弗洛伊德的梦的理论一开始便围绕着潜意识问题，将梦分为"显意"和"隐意"，借着梦者的联想以及释梦者对"象征"的解释，以白天发生的事件为契机，进而追溯到童年的本能欲望。本章介绍了梦中的最近印象以及无甚关系的印象，如：关于植物学专论的梦与分析；孩提时期经验形成梦的来源，梦的肉体方面的来源；一些典型的梦，诸如尴尬的赤身裸体的梦、亲友之死的梦、考试的梦等。

弗洛伊德把梦中所叙述的事物称作"梦的外显内容"；而把他认为体现着愿望，而只能通过意念的分析才能达到的隐藏着的东西，称为"梦的内隐思想"。他说，梦不能公然代表本身就是禁忌的愿望，特别是那些同性欲有关的愿望。因此，便通过"梦的工作"，变梦的内隐思想为外显内容；而"释梦"，则是要将"梦的工作"毁坏。他说：梦的思想和梦的内容乃是有如两种语言对于同一内容的两种描述；或者说得更清楚一点，梦的内容对我们来说，像是把梦的思想译成了另一种表现形式，我们必须通过原文和译文的比较来弄清这种表现形式的符号和构成规律。这样可以使梦的内隐思想不再是一个如此难以了解的秘密，使外显内容返回到其内隐思想。

弗洛伊德认为，释梦就意味着寻求一种隐匿的意义。对于梦的来源，他认为有三种可能：一是它也许在白天受到刺激，不过却因为外在的理由无法满足，因此把一个被承认但却未满足的意愿留给晚上入梦；二是它也许源于白天，但却遭受排斥，因此留给夜间的是一个不满足而且被潜抑的愿望；三是也许和白天全然无关，它是一些受到潜抑，并且只有在夜间才活动的愿望。第一种愿望起于潜意识；第二种愿望从意识中被赶到潜意识去；第三种愿望冲动无法突破潜意识的系统。在这三种来源之外，他强调"要加上第四个愿望的起源，就是晚间随时产生的愿望冲动（比如口渴或性的需求等）"。

梦总是以前一天或最近几天印象较深的事（即入睡以前的经验）为内容。某些早期的印象，只要与梦者当天的某种刺激有关联，也可构成梦的内容。梦选择材料的原则不同于醒觉状态的原则，它甚至完全受儿时的最初印象所左右，往往能展现那些在醒觉状态无法记起的细节和小事。梦的显意与梦者最近的经验有关，而其隐念与很早以前的经验有关。

具体地说，梦的材料和来源包括以下四个方面：其一，一种最近发生而且在精神上具有重大意义的事件，它直接表现于梦中；其二，几个最近发生而且具有意义的事实，于梦中凝合成一个整体；其三，一个或数个最近发生而有意义的事件，在梦中以一个同时发生的无足轻重的印象来表现；其四，一个对梦者很有意义的经验（经过回忆及一连串的思潮），经常以另一最近发生但无甚关系的印象作为梦的内容。

梦是睡眠的保护者，而非扰乱者。睡眠中的心灵能感受刺激，它总是将一种合于睡眠理想状态的真实感受编织于梦中，以抵消一般外来的骚扰睡眠的刺激。只要外界的神经刺激和肉体内部的刺激其强度足够引起心灵的注意（如它们只够引起梦，而不使人惊醒），它们即可构成产生梦的出发点和梦资料的核心，然后，再由这两种心灵上的梦刺激所产生的意念间，达成某种本来受压制的愿望。也就是说，心灵能够巧妙自如地将某些会引起不愉快，或根本上矛盾冲突的资料，经由两种心理步骤（即"原本步骤"和检查压抑它的"续发步骤"）以及存在于其间的检查制度，而变成完全合理的愿望达成。如果睡眠时来自肉体的刺激并不强烈，那么，它们对梦形成所产生的影响就很小了。

与那些极具个人色彩、鲜为外人所知的梦相对照，每个人都有过同样内容、同样意义的梦。如尴尬：梦者梦见自己在陌生人面前赤身裸体而尴尬，想逃避而不得的窘态。它是"续发系统"在意识状态下将梦内容予以"潜抑"和"曲解"的结果，起源于童年天真无邪的回忆和"暴露欲"。亲友之死的梦：这些梦源于梦者童年时期的自我中心心理以及对同性父（*或母*）的敌视，对异性父（*或母*）的依恋（*即俄狄浦斯情结*）。这些梦将潜抑的愿望所构成的梦意，逃过检查制度而丝毫不变地以原来面目显示出来。至于典型的考试梦则一概影射着性经验与性成熟。

弗洛伊德否定了过去人们所说的梦是来自超自然的鬼神的启示，强调梦是人的心理活动的一部分，是来自潜意识。由此可知，梦既不是灵魂的显现也不是上帝的启示，而是人类早年实践活动的浓缩品和沉淀物。

梦的工作

我们已经知道，梦境分为显梦和隐梦两个层次。显梦是梦的表面情节，其内容可以回忆起来；隐梦则是要通过显梦表现的本能欲望。隐梦转换成显梦有赖于梦的运作机制。

弗洛伊德说，梦的外显内容，就像是经过"删略"的梦的内隐思想。可以说，它是后者的一种节译。如有一个混合的人，模样像 A，穿着像 B，做的事又类似于 C，但是不管怎样，人们总觉得，他实际上是 D。这种混合的组成，就使这几个人所共同的东西特别得到强调。像这样在梦中找出那些一再复现的元素，而构成新的联合以及产生一些共同代号的工作，叫作梦的凝缩作用。梦的转移作用，则是将梦的内隐思想中的因素，以某种比较疏远、不重要的东西，如引喻、暗示来代替，而将梦的精神重点或中心转移开去，使得在表面上不能以梦的外显内容看出其内隐思想。而实际上，这梦正是以这改装的面目，在复现其潜意识中的愿望。如一位客人已经离开后又转回来，说是自己忘了带手杖，实际上这不过是借口，他的潜意识中的愿望是要再见主妇一面。

梦的表现形式与运作机制主要就反映在以下四个方面。一是凝缩，即几种隐义以一种象征出现。它的作用是在梦中进行的，目的是为逃避"梦的检查"。弗洛伊德认为，个人梦中情境为其潜意识内资料的象征性显现，通过对梦的分析，即获得其潜意识内所抑制的问题或线索。二是移置，或称换位，即指把被压抑的欲望调换成不重要的观念。它也是在梦中进行的，目的也是为逃避"梦的检查"。但是醒后回想梦中的经历时，仍会受到"检查"，那就是梦者将梦中颠倒错乱的材料再加一番整理。这种"整理"过程包括戏剧化和润饰。戏剧化就是将欲望表现为具体形象。润饰就是指醒后把颠倒错乱的梦境加以条理化，使之更能掩饰真相。一般认为，这种整理使梦成为一种统一的、某种近乎首尾连贯的东西，这是"梦的工作"的最后一个过程，即"二重加工作用"。精神分析家释梦时则要透过梦的运作机制，由显梦寻出隐梦，发现梦者潜意识中被压抑的欲望。为便于揭示潜意识的欲望，释梦可与分析自由联想的内容有机结合起来。在精神分析治疗中，释梦和自由联想分析构成了治疗神经症患者方法的核心部分。

梦的过程心理学

弗洛伊德发挥了其早年著作《科学心理学设计》（1895）中的科学思想，将所设想的精神机构分为原发性和继发性两种心理过程，再就潜意识、前意识和意识之间的交互关系加以分析，以求对梦的心理过程获得科学的理解。它把潜意识、抵抗和压抑、性的重要性视为精神分析的三大基石，把做梦、失误、神经症症状视为潜意识支配行为的三种主要形式。

梦者常常无法回忆梦的精神内涵或具体情境，甚至一些最重要的东西。这种遗忘现象是梦的检查作用的一个变体（意即梦思进入意识时遭到的阻抗）。我们在释梦时必须战胜这种造成梦的歪曲和遗忘的精神力量，以把梦作为一个整体解析。

心灵中存在着两种心理倾向，其中一个倾向对另一个倾向加以审核（包括将它的意识层面删除掉）。这个批判的结构比受批判的那个更接近意识层面，它像道筛子，站在意识与后者之间（这个机构和那指导我们清醒时刻的生活、决定我们自主意识行为的机构可视为一体）。产生梦的动力是潜意识系统，它是梦形成的起点，它总是努力地想到达前意识，然后借以进入意识层。实验证明，经由前意识通往意识的途径，在白天因为审查制度的阻抗太强而被封锁，只有在夜间处于睡眠状态、审查制度放松时，潜意识愿望才有途径进入意识层。

梦的运作固有的检查作用将梦的隐念变成他种形式。这往往回复到早已过去的文化发展阶段，甚至于语言思想未发展前所存在的状态。如果我们把清醒时刻潜意识的精神程序称为进行的，那么，梦中的程序则是后退（退化）的：在梦中，作为梦思架构的概念借着后退作用而变成原来的感觉影像，溶解为原先的材料。这种后退（退化）作用解释了为什么所有梦思的逻辑关系在梦的活动中消失殆尽或难以表达出来。在后退作用下，记忆唤醒了源于童年时期被潜抑的潜意识愿望，并把它提升到意识层面。所以梦是一种幼童时期景物或愿望的替代品，只是因移形到最近的材料而被变更罢了。可以说，对幼童时期景物和愿望的回忆，是梦的模型。后退（退化）作用有三种：其一，区域性的后退现象，存在于感知系统；其二，时间性的后退现象，指后退到古老的精神架构；其三，形式的后退现象，指原始的表达与表现方法替代了常用的方法。后退的另一种含义是指种族的童年，因为个体的发展是人类和种族进化历程的一个简短的重复。

第 5 章

解开做梦之谜：弗洛伊德的释梦体系

揭示梦境的本质

弗洛伊德认为，梦有两类。一类（儿童梦）很明显地表露出愿望的实现，另一类则因愿望遭到改装而呈现隐蔽性和曲折性。无论如何，愿望是造成梦的唯一精神动力。梦的愿望表面上完全源于白天生活的残留物，实质上是遭到有力潜抑的潜意识，特别是性的愿望。而清醒时刻的愿望冲动（**意识冲动或前意识冲动**）在梦的形成中起着次要作用，因为意识和前意识冲动有赖于潜意识的推动。不愉快和焦虑的梦同样是愿望的达成。焦虑梦的愿望是梦者所摒斥的，这时焦虑就乘机而起，以代替检查作用。儿童的梦是梦者所承认的愿望的公然满足，普通的改装的梦是被压抑愿望的隐秘满足，焦虑的梦则是被压抑愿望的公然满足。

完整的心灵由潜意识、前意识、意识三个系统组成。前意识立于潜意识和意识之间，像一道筛子，它不但阻隔了两者之间的交通，而且控制了潜意识运动的力量。意识效果不过是潜意识的一个遥远的、次要的精神产物，后者不单单以此种方式呈现在意识界，其出现与运作也常常为意识所不知。每一个意识冲动都有一个潜意识的原型冲动，潜意识乃是心灵真正的精神实质。当意识层面的观念被删除、舍弃后，潜意识中有意义的概念就会控制梦者的整个思想，从而决定了非自主意志的浮现。而意识间的表浅联系不过是一些更深层的、被压抑的关联的替代物而已。这是精神分析最常用的两个原理，从而构成了精神分析的基础。一句话，梦所表现的正是某些特定的潜意识幻想的产物，多为性本能冲动的变相满足。这就是精神分析对梦的本质的发现。

弗洛伊德的精神分析是以潜意识的理论和性欲的理论为基础的。他的潜意识理论坚信，活动于某一时间而又不为人所知觉的潜意识心理过程，不但是确定的事实，而且是人的精神生活的一般性基础。这一理论已经被人们广泛接受。弗洛伊德对于梦的解释是与他对人类行为动机所持的两种独特见解分不开的（这两种动机观，一是人类的一切行为均导源于"性"与"攻击"两大本能的冲动，二是以潜意识动机来解释人的行为）。他对梦的解释并不停留于梦的表面现象，而是企图挖掘人的深层动机的思想，也为我们深入研究梦在心理学上的意义开辟了道路。

值得一提的是，在《梦的解析》中，弗洛伊德以他的潜意识理论对希腊悲剧作家索福克勒斯的《俄狄浦斯王》和莎士比亚的《哈姆雷特》等作品进行了心理分析，象征也被赋予广阔的内容。弗洛伊德说，象征并非梦所特有，而是潜意识意念的特征，在民谣民歌、神话和传奇故事中，都可以发现象征的应用，而梦则"利用象征来表现其伪装的隐匿思想"。他的性欲理论认为，性本能的冲动，不但在神经症的成因中起着重要的作用，甚至认为正是这种动物性的本能冲动转化为社会可以接受的创造行为的升华作用，带来了文学、艺术、科学以至整个文明的最高创造。的确，《梦的解析》一书在西方影响十分深远，它不仅大大推动了精神分析学说的发展，并且渗透到社会科学领域的许多学科中去了，诸如文学和美学、宗教史和史前史、神话学、民俗学、教育学科等。因此，西方有些学者认为，大概没有人比弗洛伊德对 20 世纪的观念、文学和艺术发挥的影响更大了。

《梦的解析》经历近一个世纪而不衰。弗洛伊德对梦的解释，已深入到内心深处的潜在动机，能言前人所未言，敢言人之不敢言，实乃超出前人之上。但他在释梦中的主观性、任意性和神秘性也是显而易见。他把人的一切梦的隐义都与梦者潜意识中的本能欲望联系起来，这太牵强了。他根据其性欲理论来解释梦，不是把人看作社会的人，而完全看成是一种生物，因此一开始就受到人们的谴责。

弗洛伊德在《梦的解析》中从心理学角度对梦进行了系统研究，这些研究使梦与疾病的关系渐渐清晰起来。奥地利心理学家阿德勒认为，梦是在潜意识中进行的自我调整和激励，以及对未来目标的设定。美国心理学家弗洛姆认为，梦的功能是探讨做梦者的人际关系，并帮其找到解决这些问题的答案。

对梦作出比较科学地认识的是 20 世纪 50 年代兴起的实验心理学。实验心理学研究发现，梦的发生与人在睡眠状态下快速动眼和非快速动眼的周期性相关。一般来说，梦发生在快速动眼睡眠阶段，梦的内容也有规律。在第一、第二次眼球快动时，梦大多重演白天的经历；第三、第四次快速动眼时，梦多半是过去的情景和体验；第五次快速动眼持续时间最长，过去与最近的事互相交织。人们在睡眠中感觉身体不适或有病，大多发生在第一、第二次快速动眼时做的梦，而慢性病的感觉可能在第三、第四次快速动眼时做的梦里。

人类的隐秘心理——无意识

在弗洛伊德精神分析理论的发展过程中，《梦的解析》占据了核心位置，他选择梦境为研究心灵的突破口，具有特殊意义：做梦是每个人都会具有的心理活动。弗洛伊德在写做梦书的同时，也在寻找其他可以作为研究对象的一般心理历程。19世纪90年代后期，他开始搜集各种口误与生活中的小错误，将之放在其1904年出版的《日常生活的精神分析》中。

弗洛伊德对心理学最重要的一个贡献是，他发现了人的无意识状态。他详细地研究了他所谓的心理"原始"系统和"次级"系统，指出了两者的作用方式是怎样根本不同，两者之间的关系及交互影响是如何复杂和重要。

他所描述的"原始"系统的心理机制，最初是观察精神病、神经病时获得认识的。这是精神分析学说中不可分割的重要组成部分。其中尤为重要的如压抑、简约作用、移置作用、转化、后起的意匠作用。正是这些机制使那些不能接受的愿望、内驱力和冲动得到间接满足。

关于伪装的愿望满足的学说，乃是弗洛伊德对心理学最有价值的贡献之一。通过这一理论，他就用一种真正的有力的心理概念代替了较旧的联想心理学。

弗洛伊德发现，无意识的内容不同于意识内容，正如其特有的机制一样相去极远。这方面本质上是从婴儿时代起源的。在这一点上，弗洛伊德对婴儿心理的内在性质提出了一种解释，使得世人感到震惊和产生反感。他坚持认为婴儿心理深处是由对双亲的性动机和敌意动机驱使的。典型的例子是现在大家熟悉的恋母情结，其内容是对异性双亲的性欲望和对竞争者的嫉妒的怨恨。弗洛伊德甚至认为，婴儿一生下来，在其未断奶时就有色情感。这自然难以为世人接受。弗洛伊德关于梦的书问世时大都被人忽视过去了，但是过了几年，当他上述性的理论得到更充分的描述后，就引起了一场轩然大波。

《梦的解析》一书问世后的五年之内，弗洛伊德很少写作，但在1904年出版了《日常生活的精神分析》，这大概是他最流行的书。这本书所研究的是多种有缺陷的心理作用，例如遗忘、失言、笔误和东西放错地方等。弗洛伊德理论的关键在于心灵的世界没有意外。他认为，我们生活中许多偶然事情的发生，都与其心理的必然性相联系。精神分析的目标，就是找到心理的必然性因素，毅然决然走向决定论。

在弗洛伊德看来，那些所谓"偶然"，其实背后都有其他的因素，远非偶然可以解释的。当人拼错了一个熟悉的名字，忘记一段最喜爱的诗句，莫名其妙地把某个东西放错地方，或者忘记在太太生日时送她一束鲜花。这些都是欲望和焦虑的线索，甚至连本人自己都难以理解。从表面上看没有关系的那些事件，其实都被潜在心灵规律主宰着。这就是人内心深处的无意识，一种无法发现的、接近人本能的驱动力——无意识。

弗洛伊德在该书中所作出的结论现在已经被广泛接受，比他的任何其他理论都更受欢迎。这本书是对"决定论"的一个大贡献，因为书中阐明许多在外表上偶然的无意义的行为，以及许多被简单归结为"自由意志"的行为，都是人们受自己没有认识到的隐秘而矛盾的欲望所推动的。

意识的幽暗区域——潜意识

弗洛伊德认为，人的心理活动所以能躲过心理学家探索的主要原因，在于心理活动最重要的动力是潜意识。弗洛伊德并不是第一个发现潜意识的人，一些对人类心灵本质感兴趣的学者，之前就已经认识到潜意识的存在了。18世纪德国哲人李希腾堡曾经对梦的研究下过这样的评论：梦是一条道路，可以得到其他方式不易获得的自我知识。弗洛伊德可以经常乐此不疲地引用歌德与席勒的诗句，他认为诗歌创作的灵感根源在潜意识里。不论是英国、法国或德国的浪漫诗人，都认可柯立芝的说法，即"意识的幽暗区域"。与弗洛伊德同时代的小说作家亨利·詹姆斯，明确地把潜意识与梦联系起来，称这是"睡眠的潜意识思考活动"。

潜意识与压抑的联结，可以追溯到弗洛伊德精神分析理论发展初期。弗洛伊德认为，人的大部分潜意识都被压抑着，人平时也很难感觉到，潜意识代表着最大的秘密囚牢，禁锢着反社会的包括不被道德规范所接受的禁忌。它们被意识严密监视着，它们总找机会逃脱。它们的突围只是间歇性的成功，并使自己以及他人付出代价。精神分析者的工作就是要除去压抑，至少除去部分压抑，因此必须预料到可能的风险，并且注意到具有爆发力量的潜意识动力。

既然抗拒作用所形成的阻碍很难对付，要让潜意识的一部分成为意识，其过程是极其艰难的。回忆的欲望常常受到遗忘欲望的反击，从人出生开始，内心就一直处在激烈的冲突中，不论是犹如警察般监督的外在形态，还是良心的内在形态出现，这都是文化的作用。因为害怕这些难以压抑的激情，世界历史已经把根深蒂固的人类冲动烙印为不文明、非道德，或是亵渎的。从礼节舆论谴责沙滩上的裸体，到限定对配偶的忠诚以及禁忌各种形式的乱伦，这些都在压抑着欲望的驱动力。

自尊是文化压抑的助手，为了人自尊的要求，必须压抑原始的欲望。因此，人睡眠期间，当意识对大脑出现失控时，梦境又再一次表现出欲望。这一切都在证明，人是欲望的动物。这也是《梦的解析》一书所要表达的：欲望以及欲望的命运。

弗洛伊德学术生涯的发展不是十分顺利，一般医生大多会先被指定为"无薪酬大学讲师"，四或五年之后，就可以晋升到特任教授一职。而弗洛伊德却等了十七年，这是因为在官方的学术圈内，有一股对弗洛伊德的偏见，而且十分顽固。反犹太主义并不是弗洛伊德无法获得教授一职的唯一原因，其偏见来自弗洛伊德对性本能的揭示，颠覆了人们的道德理念。

1905 年，弗洛伊德的三部重要著作问世了。一部是长篇论文，通常称之为《少女杜拉的故事》，其中弗洛伊德详细地说明了梦的解释如何能用来揭示并治疗精神病神经病症状。另一部著作名为《开玩笑及其与无意识的关系》。书中透辟地研究了无意识动机能够间接表现出来的许多方式。同年又出版了他引起争论最多的著作《性学三论》。书中新奇的和当时认为耸人听闻的部分是他对婴儿性作用的全面论述，以及他认为成年人的性变态是婴儿性作用的畸形派生物的解释。这是他的第一部没有受到轻视的书，但是激起了很多人的愤慨、谴责和嘲笑。他立刻成了德国科学界最不受欢迎的人。过了许多年以后，他还要分出许多精力来同唯有最伟大的先驱者才会遭受到的嘲骂和侮辱作斗争。

1902年的秋天，弗洛伊德开始每星期三在他柏格街十九号的住所，与一些医生和听众进行讨论。讨论内容十分丰富，包括：个案讨论、精神分析理论以及对自我心理的探索。从那时起，弗洛伊德已经不用再担心缺乏社会地位、群众响应、热烈的追求者以及内部的争论了。

第6章

揭示人的心理秘密：少女杜拉的故事

少女杜拉是一个什么样的人

《少女杜拉的故事》是弗洛伊德学说从假说走向科学的代表作，它不仅是一份严谨的科学报告，还是一个充满悬念、文笔优美和引人入胜的文学作品。

这位被称为"杜拉"的病人，在8岁时已开始有心理障碍的症状，那时她有慢性的呼吸困难，有时症状很严重。由于第一次发作是在一个短程的登山旅行之后，因此被解释为疲劳过度所引起的。在经过六个月的休息和细心照料之后，病情渐渐好转。家庭医生毫不迟疑地认为，她的失常可能属于神经性毛病，而不是器官上的病变使得病人呼吸困难。他认为他诊断出的疲劳过度的病因是很合理的。

杜拉小时候曾得过一些常见的传染性疾病，但没留下任何后遗症。她告诉弗洛伊德说，她的话有较深的含义，她的哥哥总是先得病，而且病得总是很轻，接着是她得病，比她哥哥更严重一点。当她大约12岁的时候，她开始有偏头痛和神经性的咳嗽。起初，这两种症状同时发生，后来逐渐分开为不同的情况，偏头痛渐渐发作得少了。在她16岁的时候，几乎不再发作了，但是神经性的咳嗽，起初是感冒引起，却一直持续不断。杜拉让弗洛伊德治疗时18岁。她总是在咳嗽，这种症状发作的次数无法确定，发作时间持续约三至五个星期，有一次甚至长达数月之久。

在接下来的几年中，发作的前半期是症状最严重的时候，经常导致嗓子嘶哑。神经性的毛病早已被诊断，但种种不同的治疗法，包括水治疗术和局部性电疗都没有效果。在这种情况下，小女孩渐渐成长为具有独立判断能力的少女，她常讥笑医生们的努力，甚至最后完全拒绝他（她）们的帮助。她一向反对请医生，虽然她对自己的家庭医生没有什么反感，但任何请新医生的建议都被她拒绝，因此，她来弗洛伊德这里看病，完全是被她父亲强迫的。

弗洛伊德第一次见到她时是在初夏，那时她16岁。她正被咳嗽和嗓子嘶哑的病症所折磨，当时弗洛伊德就建议她进行心理治疗，建议没有被采纳，因为虽然发作时间很长，但症状总会自然消失。第二年的冬天，在杜拉所敬的姑母去世后，她便留在了维也纳，和她的伯父与堂妹们住在一起。她发烧时，被诊断为盲肠炎。隔年秋天，由于她父亲的健康情形已改善，全家就离开莱比锡，先搬到她父亲工厂所在地，住了不到一年，便永久住在了维也纳。

那时，杜拉正值青春妙龄，是一个聪明而貌美的女孩子，但也是她父母间争论的来源和焦点。情绪不好以及个性上的变化，成了主要症状。杜拉显然对自己和家庭都不满，她对父亲的态度很不友善，跟母亲的关系更加恶劣，因为母亲想要她帮忙做家务。她不喜欢社交，避免参加各种社交活动——她埋怨自己打不起精神和有心不在焉的毛病，她只参加妇女讲座，从事很吃力的研究工作。有一天，杜拉的父母惊慌地发现她留在书桌上的一封遗书，杜拉说，她不能再忍受她的生活了。这病例的治疗，以及弗洛伊德对其复杂内容的解析，仍然是片段的，因此有许多问题弗洛伊德没有解答，或只能凭借暗示或猜测。当杜拉知道遗书公开后，她大为吃惊："他们怎么会发现这封信呢？我记得把它锁在书桌里的。"但既然她知道父母亲已看过这封信，因此弗洛伊德认为是杜拉自己安排这封遗书让他们看到的。

杜拉的父亲是一个有判断能力的人，他猜测杜拉并没有严重的自杀念头。但有一天，杜拉在和父亲交谈几句后，突然神志不清，父亲顿时惊慌失措起来。这一次的发作很严重，并伴有抽搐、谵妄等症状。过后，她就丧失了记忆。于是，父亲不顾她的强烈反对，还是决定送她到弗洛伊德精神分析诊所来治疗。

本病历就如弗洛伊德以上所描写的，它只是一种"轻微的歇斯底里"，具有最常见的身体和心理的症状，如：呼吸困难、神经性咳嗽、失声、间歇性的偏头痛，以及忧郁歇斯底里症的反社交性与一种不太真实的厌世感。

弗洛伊德已经看了不少歇斯底里的病例，这些病例的时间从几天、几星期、几个月到几年不等。他发现，没有一个病例缺少心理学上的决定因素。这些因素即心理上的创伤、情感的冲突，以及在弗洛伊德后来出版的书中所提到的另一种因素——性的扰乱。当然，病人不会主动向医生提供和病因有关的资料，因为它有隐秘的苦衷。医生也不能因病人的拒斥态度而裹足不前，不去寻找解决的途径。这里有一个例子。有一次，一位14岁的女孩来找他，她患有危险的歇斯底里性呕吐，弗洛伊德决定问她一个可能会使她痛苦的问题，即她是否曾和别的男人恋爱过。"没有！"孩子回答道。无疑她带着吃惊的反应。后来她以一种不敬的口吻对母亲说："荒唐！那老家伙竟问我有没有恋爱过！"后来她来找弗洛伊德治疗，才证实——虽然不是在第一次的交谈中——她是一个多年的手淫者，有白带（这与她的呕吐有很大的关系）。后来她戒了这个习惯，但在禁欲中她深为一种罪恶感所苦，以致使她认为任何降临她家的不幸，都是神灵对她不守规矩的一种惩罚。除此之外，她还受到她未婚姑姑罗曼史的影响，姑姑怀孕（使她呕吐的第二个因素）还以为没有被她注意到。那女孩被认为"只不过是一个小孩子"，没想到原来她已经懂得所有性关系的要素了。

K 先生对杜拉的强吻

杜拉的父亲告诉弗洛伊德：他全家住在 B 城的时候，曾和一对住在该城数年的 K 夫妇建立了很亲密的友谊。K 女士在他生病期间一直照顾着他，因此，他说 K 女士是他的救命恩人，K 先生则一直对杜拉很好。他在那里的时候常和杜拉一起散步，并经常给她一点小礼物，并没有人认为那样对她有害。杜拉经常照顾 K 家的两位小孩子，几乎就像是一个母亲。两年前的夏天，当杜拉和她父亲来看弗洛伊德的时候，他们正准备和 K 家一起去阿尔卑斯山的一个湖边度假。杜拉本来想在 K 家住几个星期，但她的父亲则打算几天后就回家。

那段时间，K先生也留在那里。但当她父亲准备离开时，杜拉突然决定要跟父亲一起回去，态度十分坚决，并且事实上她已经付诸行动。直到几天以后，杜拉才对自己奇怪的行为做了一点点解释。她告诉她母亲说，K先生和她一起散步的时候，曾大胆地向她求欢，并让母亲把这些话转告她的父亲。当她的父亲和伯父去质问K先生时，K先生坚决地否认有这回事。他进而又怀疑杜拉，说他从K女士那里听说杜拉对性很感兴趣，她在他（她）们湖边的屋子里常看性爱的生理学的书籍。"很可能，"他又补充说，"她因阅读而兴奋。"他断言她所说的只不过是"幻想"。

如果我们进一步考虑，则会发现一些症状（如咳嗽与失声等），它们最早出现的时候是在杜拉的童年时代，大概在她8岁的时候。因此，我们必须回到杜拉的童年时代，去寻找那些有类似创伤影响的事情或印象。更何况，即使症状不是发生在童年，也要追溯到病人早期的生活史。

当治疗中最大的困难被克服后，杜拉告诉了弗洛伊德一段早先跟K先生在一起的经历，那可以说是一种"性"的创伤。那时她只有16岁。一天下午，K先生、K太太和她约定在B城一个大广场附近的办公室见面，他们要去参观一个教堂的节庆活动。但K先生劝他太太留在家里，并遣走了他的雇员。因此，当杜拉来到办公室时，只有他一个人在那里。到了预定时间，他让她在一扇通往上一层楼梯旁边的门口等他。他要去拉窗帘，可是在他转身时，却突然抱住她，在她的唇上强吻了一下。

无疑，这正是唤起一个从未被异性亲近过的 16 岁女孩性冲动的情景。然而，杜拉那一刻有一种非常强烈的厌恶感，她用力挣脱 K 先生的怀抱，急忙跑下楼梯冲到了街边。

后来，她仍然与 K 先生见面，但谁也没有再提起这件事。杜拉一直保留这个秘密直到治疗时才说出来。在那件事之后不久，她开始避免和 K 先生单独见面。K 家准备出外旅行几天，杜拉本来也约好要去的，可是在那个吻之后，她便执意不去了。

弗洛伊德认为：此时，这个 16 岁女孩的行为完全是歇斯底里的——在性冲动的场合中，如果一个人的感觉，是大部分或全然地不愉快。弗洛伊德无疑认为她是歇斯底里的，不管她有无身体上的症状。对于这种"逆反心理"的解释，是精神病心理学中最重要，同时也是最困难的问题之一。

当然，分析杜拉的病例的特征时，我们只注意·"逆反心理"是不够的，还要有"感觉的转移"。杜拉在那种情况中的感觉，并不像一般健康女子的生理反应，而是被一种不愉快的感觉所控制，这正是消化道入口处的黏膜的不快感，即一种嫌恶感。她的嘴唇因那一吻而受到刺激，这种刺激无疑是停留在嘴唇上，它决定了感觉的位置。但是，弗洛伊德还发现了另外一个相关的因素：促使杜拉对那一吻嫌恶的原因绝不是偶然的，否则她不可能记不得，而且不可能不提起。弗洛伊德认识 K 先生，因为他和病人的父亲一起来拜访过弗洛伊德。K 先生还很年轻，而且外表很吸引人。

杜拉在那场合中的感觉并没有成为一个永久的后遗症，即使在治疗的时候，它也只是潜伏着。杜拉是一个偏食者，她承认对食物不太感兴趣。另一方面，那一吻留下另一个后果，那就是让杜拉产生了一种幻觉，它不时出现，甚至她还能感觉到 K 先生的拥抱在她上身所施加的那种奇特的压力。

父亲的情人对杜拉的影响

在杜拉的父亲病愈后的第一个夏天，他和 K 女士的"友谊"的真相逐渐暴露出来。这两个家庭在一个旅馆里合租一整套房间。有一天，K 女士说，她由于睡眠不好，因此不能再和她的一个小孩同睡一间寝室。几天以后，杜拉的父亲也找了个借口，希望换一个寝室。他们两个人都搬到了新的客房——走廊尽头的、中间隔着走廊的相对的两个房间，新的客房比他们原来的僻静，可避免别人的注意。

后来每当杜拉责备她父亲和 K 女士的事情时，她父亲总是说，他不能谅解她的敌意，并且叫孩子们无论如何也要感激 K 女士。当她向母亲问及父亲这暧昧的说辞时，她母亲告诉她说，她父亲前些时候曾极度忧郁，甚至决定走到树林里去自杀。K 女士疑虑到这点，才跟踪在后，并恳切地劝他为家庭保留自己的生命。当然，杜拉照样不相信这个故事。她认为，他们两个曾在树林里幽会时被人看见，她的父亲因此编造了这种自杀的童话故事，为他们的幽会进行辩解，这一点与她自己的伪装要自杀有关联，她想自杀的念头可以说是她渴望获得同样的爱的表示。

在他们回到 B 城后，杜拉的父亲每天都会在同一时间去拜访 K 女士，而那时 K 先生正在上班。大家都对此事议论纷纷，并且向杜拉打听。K 先生自己曾痛苦地向杜拉的母亲抱怨，但他并不提及此事，似乎这是他的一种微妙情感。当他们两家人在一起散步时，她的父亲和 K 女士总知道如何安排单独见面的机会。而且 K 女士无疑拿了杜拉父亲的钱，因为她的花费超出了她自己或丈夫的支付能力。杜拉还说她父亲开始送 K 女士精巧的礼物，并且为了掩饰，同时对她和她母亲也慷慨起来。过去因为神经系统的疾病无法行走而进入疗养院数月的 K 女士，现在却奇迹般变成了一个健康活泼的女人。

如果别人告诉他说，一个成熟的少女常常和一个"不安于内"的男人无节制地在一起，是危险的。他必定会回答说，他的女儿可以信赖，像 K 先生这种男人绝不会对她有什么危险，况且他的朋友也不可能有什么不规矩念头，更何况杜拉还是一个小孩。K 先生也把她看作一个小孩。可是，事实上，这两个男人都避免对彼此的行为下什么结论，因为那样做会令他们的良心不安。当他们住得很近时，K 先生可能一年到头，天天送鲜花给杜拉，抓住任何送她珍贵礼物的机会，并利用他所有闲暇的时间陪伴她，而她的父亲却好像全然没注意 K 先生这些明显的求爱举动。

杜拉指责自己的父亲：说他对良心的最迫切呼唤竟然充耳不闻，说他只看到对自己的爱情有利的一面——这些指责反过来必然落在她自己的头上。如果杜拉爱 K 先生，为什么她在湖边度假那个遭遇中拒绝他呢？或者为何她的拒绝那么粗暴，好像她深受他的伤害呢？而且，一个恋爱中的女孩子，如何会因为一项既不唐突又不冒失的求爱举动，而感觉受辱呢？

她还指责父亲：说他的健康不佳只是一种借口，他利用它来达逞私欲。这些指责，一样隐藏了一大段她自己的秘密。一天，她向弗洛伊德诉说一个自己感觉的新症状，她常感觉到像穿刺般的胃痛。"你又在模仿谁了？"弗洛伊德的问题一针见血。

杜拉的暗恋与病痛

在杜拉看来，她的病完全是由于堂姐的嫉妒所引起的。当堂姐想要什么的时候，她总是病倒，而现在堂姐所要做的唯一的事情就是离开家里，免得嫉妒她妹妹的幸福。但是，杜拉本身的胃痛却说明，尽管她还认为堂姐是一个诈病者，她却把自己比作她的堂姐，她这种"心理模仿"的背景也许是她也嫉妒那幸运女孩的爱情，或许她把堂姐最近失恋的遭遇比作自己的遭遇。

弗洛伊德分析认为，杜拉也从 K 女士那里看到病会带来好处。她知道 K 先生一年中有部分时间旅行在外。当他回家时，他常发现太太健康不佳，但杜拉知道前一天她还好好的。杜拉了解到，丈夫在身边会使他的太太病倒，而太太则高兴生病，以免履行她所厌恶的夫妻间的性义务。

杜拉的病证明了她对 K 先生的爱，就像 K 先生太太的病证明了她对丈夫的厌恶一般。假定杜拉的行为刚好和 K 女士相反：在 K 先生不在时，她就生病。他在时，她就好起来，至少在病症发作的初期似乎如此。可是在后期，我们必须忽视她病症发作的时间，与她暗恋的男人不在的时间的巧合性，因为巧合的规律性将暴露她的秘密。因此，到后来，发作的时间长短就没有多大的意义了。

在这里，也许有人说，精神分析指出：解答歇斯底里问题的线索，并不在于"神经细胞的分子与分子间的奇特不稳定性"，也不在于一种很容易就进入"催眠状态"的方法，而是在于"身体的配合因素"。不过在回答这种反对意见时，我提到，这种新见解并不总是使该问题简化，而且已经使它得到不同程度的解决。因此，我们不必再处理整个问题，而只要处理有关歇斯底里与别的精神病之间不同的部分就可以了。所有的精神病，其潜意识的精神趋势在得到"身体的配合因素"所提供的形体上的配合之前，都经历了一段相当长的相同过程。在身体的配合因素尚未形成之前，不同于歇斯底里症状的现象便会出现。不过，它仍然是一种有关的东西。

弗洛伊德进一步分析到：这也许是一种恐惧或强迫性行为——总之是一种精神病。生病的真正动机，杜拉生病的目的，只是想夺回她父亲的关心，促使她父亲和 K 女士分离。

—— 第 7 章 ——

冲破性心理盲区：性学三论

  《性学三论》主要研究人类性欲之本质及其发展过程，这是弗洛伊德继《梦的解析》之后对人性探讨最富创见和最永恒的贡献之一。弗洛伊德于 1905 年初次发表《性学三论》三篇论文以来，其后用二十年时间对它们作了不断的修补和改正，作者关于性的本质的思想，是他在漫长的时间内陆续向我们展示出来的，这个特点是除《梦的解析》之外其他著作无法相比的。弗洛伊德《性学三论》的功绩还在于把被人视为瘟疫、禁忌的性学变成科学，使之建立在科学的基础之上，并把它提升为教育中的一个重要科目。

  在《性学三论》第一本英译本问世时，人们对性行为研究完全是持敌意态度。尽管性在我们的人生中占有相当地位，但自古以来未曾有人用科学的方法去弄清它的真相。弗洛伊德透过精神分析的技巧，运用治疗病人的实际资料，对性的问题作了一番系统的分析研究，并阐明了他的性学学说。他把性的问题分为性的对象、性的目的、性的表现方法等几个方向来探讨，大胆开辟了性研究的新领域，并且强调学校要加强儿童的性知识、性观念的教育，提出了许多至今仍值得我们借鉴的精辟见解。《性学三论》中，弗洛伊德道出了其对人性、对人类行为动机最具创意的看法。

弗洛伊德的《性学三论》是最著名的性学理论经典之一。它不仅是变态心理学者们青睐的对象，而且由于它对人性发展作了系统和完整的探讨，更是其他心理学家、人类学家、社会学家以及一般知识分子所不可不读的名著。《性学三论》包括三篇：第一篇《性变态》，详论同性恋、性错乱及心理症（即神经症）患者的性冲动；第二篇《幼儿性欲》，详细分析了幼儿性欲的来源、目的及其表达方式；第三篇《青春期的改变》，包含了弗洛伊德著名的原欲理论。

性变态的内在原因

弗洛伊德把人与动物皆有的，与觅食冲动相似的性本能、性冲动称为原欲（利比多）。在一般人看来，性冲动并不存在于童年，只有当青春期后才出现两性间的吸引，导致性交合行为。弗洛伊德认为这种想法是很错误的，这里我们的研究主要是弄清各种与性对象（那些发出性的诱惑力的人物）和性目的（对性冲动竭力追求的东西）有关的变态现象，以及这些变态现象与正常现象之间究竟有怎样的关系。

关于性对象的变异

在有关人类历史的传说中，人最初是单性的，后一分为二，有了男人和女人。男女之间相互吸引，经过一番曲折奋斗之后又重新结合为一体。所以当听说男人的性对象不是女人而是男人，女人宁愿舍男人而与女人相爱，人们便大为迷惑，称这种专爱同性的人为同性恋者。

弗洛伊德认为这是性颠倒也可称之为同性恋。性颠倒者的行为有三种类型。第一种完全颠倒者。这些人追求的性对象自始至终都必须是同性，厌恶与异性的性关系，即使勉强与异性性交，也不能从中得到乐趣。第二种是两栖性的性颠倒者（性心理半阴半阳）。性对象既可以是同性，也可以是异性，没有确定的特征。第三种是偶尔颠倒者。属于某种特定情境中，当正常的性对象遥不可及时，暂以同性作为满足的性对象。

为什么会发生这种情况呢？弗洛伊德认为，性颠倒并非缘于退化现象。它常发生在心智无损，其他方面均与正常人相似或智力、修养有高度成就的人身上，也出现在文明古国文化发展高峰期或在原始民族和野蛮人中流行。性颠倒亦无法用先天性解释。因为许多性颠倒者早先曾有过强烈的性印象的震撼，留下了同性恋的后效。再就是某种鼓励性的或压抑性的外在影响力，对颠倒起加强或固置作用。催眠联想可解除性颠倒，因此不能用后天习得作说明。有很多人幼年经历过诱奸或相互手淫等，但后来并没成为性颠倒者。

双性理论

双性理论认为：解剖学发现，有些人的性特征极为模糊，雌雄难辨。这种阴阳人的性器官存在男性和女性性器官的特征。特殊案例的真性阴阳人，两性器官皆得到完全发展。一般情况下，两种性器官都发育不全。这些反常现象使我们无意中发现了正常发展的真相。那就是从形态上说，某种程度的双性倾向完全是正常的。人都具有异性器官的残迹，只不过有些已经转化，作了别的用场，另一些则成为无用处的残存器官继续存在。这种印象被引申到精神范畴，人们得出"性颠倒的变态源是心理阴阳人的表现"。心理上的阴阳人与解剖学上确实可见的阴阳人之间没有确定的连带关系。有人强调性颠倒者在次要特征方面的差异，但它原本常出现于异性中，很多人一身兼具两性的特征，但并不是性颠倒者。心理阴阳人的观点同样不能完全站住脚，因为伴随着性对象的变异，他们的其他精神机能，比如明显的异性特性及性冲动一定会有所改变。但事实并非如此。人们发现，这种性格上的颠倒仅仅出现于女性性颠倒者身上。至于男性，就连那些具有典型男子气的人也常常有性颠倒现象的出现。还有些专家论述双性人形象"是在一个男性的身上错装了女性的脑子"或"男性中枢、女性中枢"等。经过上面探讨，我们得到两种见解：双性倾向自然也存在于性颠倒者身上。但除解剖学发现的东西外，不知其具体含义是什么。我们讨论的是性冲动在发展过程中经历的障碍。

持心理阴阳理论的人认为，性颠倒者的性对象与正常人正好相反，男性觉得自己像女性，同性的体态和心智对其充满魅力，因而寻求男性的抚爱。这只符合大部分性颠倒者的情形，但不是基本特征，因为不少男性性颠倒者，其仪态举止俨然是男子汉大丈夫，以具有女性气息的同性为其追求的性对象。如若不然，无法解释男妓们为性颠倒者服务时外观上模仿异性，涂脂抹粉，故作娇柔之态。事实上，性颠倒者的性对象，是融合了两性性特征的人。雌雄同体者乃是他在徘徊于对男人的渴望和对女人的渴望之间达到的妥协，前提是性对象必须具有男性的器官。女性主动型性颠倒者多表现出清晰无误的男性体态及心理，在其性对象里多追求柔弱的女性。

性颠倒者的性目的：男性性颠倒者以相互手淫为最多，而非肛交。女性性颠倒者以口腔黏膜的相互接触为常见。

结论：经上述探讨我们得到一种启示——过去我们过于看重性本能和性对象的关系，其实本能与对象是可分离的，性本能可能与其对象无关，也不是由性对象的刺激激发的。

与性无能的孩童或畜生交媾

与性无能的孩童或畜生交媾，这种现象被称为"恋童癖"和"恋兽癖"，都是极端的变态。性的吸引力如此之大，竟然使得物种间的界限都消失了，性的对象亦花样繁多，甚至被降低到如此地步。恋童癖或恋兽癖并非是精神病患者，不少性生活异常者其他方面与常人无异，但在性问题上始终异于常人。结论是：人的性冲动很少受高级精神活动的驾驭，许多情况下性对象的价值或意义并不重要。

正常的性目的是两性性器官的交媾。它伴随一些接吻、拥抱、抚摸等预备动作。这些动作畸形发展，造成两种性变态：性交媾时使用的部位发生解剖学上的变化，预备性的附属接触被延长。

对于性对象的过分估价：人们内心对性对象的估价不会

仅限于性器官上，而会扩散到其他方面。当过高评价性对象，使性目的渐渐冲淡了性器官结合的限制，此时身体其他部分就变成了性追逐的目的。

口腔黏膜的使用：人们对以嘴唇、舌头与另一个人性器官接触的反常现象感到恶心。而这种厌恶感正是用来阻止原欲对性对象的高估的力量。通常此力量不是指向性器官的。如使用恋人的牙刷，忍不住翻胃。但当异性器官成为厌恶对象时，就成为歇斯底里症的常见特征。

肛门的使用：以肛门为性目的的反常现象，因厌恶感而受阻的程度大于前者。肛门黏膜在性方面地位，男女皆有使用。恋童癖中表现尤为突出。

总之，性本能在占有其对象时是无所不用其极的。解剖学上变位的另一原因是口腔和肛门常被作为器官对待。

把对性的追求转移到一定物来代替，这就是恋物癖。盲目的激情加上性目标的放弃，使性对象被与其无关的东西替代，如足踝、发丝、内衣等。某种程度的恋物属正常。中间状态是性目的不很正常，但还未错乱。如性对象具有某些特定特征，一旦恋物的追求得到固置，崇拜的物品本身成为性对象就是病态了。恋物的原因可能是难以被人把握的某种象征性思维发生作用，象征的含义与童年的性经验大有关联。

对暂时性性目的的依恋

所有阻碍性目的达到的内在和外在原因，促使人们停留在预备性动作上面，变成取代正常部分的性目的。

抚摸与观看：一定程度的抚摸或观看是达到正常性目的的前奏。当人们的兴趣从性部位转向全身体态，便成为艺术性的升华。但当观看超过下列三种界限便成为反常：当它完全局限于性器官时；它压倒了正常人所应有的厌恶感（窥视症）；它不仅不能促使人达到正常性目的，反而压制性兴奋（暴露症）。

虐待症与被虐待症：使性对象痛苦的主动倾向根植于性本能中的侵略欲和征服欲，痛苦与残酷中包含了快感与乐趣。而被虐待症是自己喜欢尝受到对方所造成的痛苦的被动倾向，是一种把自己比作性对象的结果。施虐受虐常在同一个体上得到表现，这与双性现象相似。

性反常的共同规则

性反常是否是病态：性目的的变位多少存在于正常人性生活的隐秘部分。性本能乃一切本能中最不好控制的一种，一旦它克服了阻抗，就会造成极端的尸奸、舔大便等，但这种人却在其他方面十分正常。所以我们讲性反常行为具有病态特征是指它具备排他性与固置性，与常态下的表现相比较是不正常的。在最令人厌恶的性反常里，有丰富的精神能量参与转化其性冲动的过程。

两个结论：性冲动受精神能力或阻抗作用（*羞耻感、厌恶感*）限制，引导其向正常状态发展；性冲动由许多不同成分组成，当某些成分脱离整体便导致了性反常。

心理症患者的性冲动

精神分析：性本能是心理症的能源站，他们性生活的全部、大半部或部分都表现在症状中。如歇斯底里症就是性的本能被压抑封闭在潜意识中，由于感情方面的力量，不能宣泄和表达，最终经由转化的历程而以肉体的变化表现出来。歇斯底里的患者往往同时遭受性饥渴与性排斥两大压力的夹击。受环境成熟刺激的影响，当无法逃避真正的性需求时，他们便发病了，原欲转化为躯体症状，以摆脱眼前的难堪。

心理症与性反常：心理症是性反常的负面（*被动性*）表现。因为我们能感到患者潜意识中的性反常及原欲固置：每一变位都可在其潜意识中发掘出，其构成成分是对立成双的欲望。

部分冲动和快感区

本能是指一种源自肉体而表现精神上的内在刺激。另一种设想是在体内器官中配有两套不同刺激作用，其中一套所产生的过度刺激，我们称之为"性"。所涉及的器官为快感区，那里发出的性成分叫部分冲动。某些性反常现象里，性活动以口腔或肛门为主。此部位的快感作用与正常性交过程的快感一样。暴露症中，眼睛成了快感区。痛苦与虐待的性冲动中，皮肤成了快感区。皮肤的任何一部分以及任何一个感觉器官都可能是一个快感区。

反常现象的发生一是由于性的内在抑制因素（先天体质因素），再就是由于偶发因素原欲脱离正常性目的及性对象。两者相辅相成。只有当体质与经验都导向一个倾向时，心理症才趋于极端。

幼 儿 性 欲

每个人或多或少存有性反常现象，正常人与心理症患者没有明显分界，多数人处于两个极端的中间。一切性反常现象之根基的素质只能在儿童早期印象中找到。心理症之所以发生是因为患者依然保持或退回到幼儿性欲阶段。大部分正常人通过有效的节制及其他努力，能享受正常的性生活。

幼儿性欲的表现及其特征

幼儿性冲动的胚基与生俱来，它持续一段发展时间，又经历抑制，直至性发展达到最旺盛期，性抑制被突破。

性抑制：在完全或部分的潜伏期内，精神力量的发展（厌恶感、羞耻感、道德感、审美感等）开始抑制性生活。

反向作用与升华作用：幼儿期性欲多少或全部偏离了性的用途。这种舍性目的而就新目的的性动机及力量称升华作用。升华作用是文化艺术与成就贡献的无穷源泉。由于生殖力的后延，幼年性冲动的不可用（形成潜伏的主要原因），快感区不能带来愉快，便生出反向作用。精神堤防借以建立，人类德性得到成长。

潜伏期的中止：幼儿期性欲的如上结局是理想教育下的结果。教育家把儿童期一切性的表现视为"坏"，我们应澄清他们恐惧的究竟是什么，幼儿性冲动的真相为何物。

一般人认为幼儿是没有性冲动的，性冲动只始于青春期。同样解释成人性格形成的因素，多强调遗传而忽视童年期影响。人类最初几年的记忆存在不可理解的空白年代，远远落后其他心理活动。这种遗忘与成人心理症患者的遗忘症相似，原以为忘却的印象却在精神内部留有深刻痕迹，成为未来发展的基本因素。幼儿期的全盘遗忘与幼儿期性冲动直接相关，与其性生活有关的现象意义深远。

拇指吸吮现象：吸吮手指（包括规律性地拉动自己的耳垂或拉扯别人）的乐趣可使人浑然忘我，出现类似性高潮的反应。许多儿童从吸指头过渡到手淫。

自体享乐：幼儿性欲的明显特征在于它的冲动不是指向他人，而是在自己身上寻求满足。嘴唇是快感区，当心满意足的婴儿吸吮母乳，粉红的脸蛋在微笑中沉沉入睡，其情形与成人性满足后何其相似。嘴唇敏感的孩童往往长大后喜爱接吻，另一种导致错乱（男性可能会爱吸烟喝酒，女性爱吃零食）。如果潜抑作用占上风，他们反而会厌恶与吃相关的行为（呕吐窒息感、喉胀感）。

幼儿性欲表现的三大特征是：它的来源与身体中维持生命不可缺少的寻食功能密切相关；它尚不知有性的对象，是自体享乐；它的性目的受快感区直接控制。

幼儿性欲的性目的及其表现

快感区特征：它必须是皮肤或黏膜的一部分，刺激时能得到明显的快感，具有律动性，与挠痒感觉相似。

幼儿的性目的：当幼儿有一种奇特的挑逗人的紧张感存在，以及心灵深处有种敏感或痒感出现，投射到周围的快感区时，儿童有了满足性冲动的欲望。其性目的是在运用外来刺激摒除那种源自内心而存在于快感区的敏锐感，从而带来满足的感觉。这种外在刺激的方式通常与吸吮动作相类似。

肛门区的活动：与唇部快感区一样。积便通过肛门，对黏膜造成明显刺激，其中包含着说不出的淋漓之感。积便不排，本意在于更强地刺激肛门区，以达到自慰的目的。

生殖区的活动：与排尿有关，有男性阴茎、女性阴蒂，受分泌物刺激时能激起性的兴奋，消除刺激和带来满足的方式是经由手的接触摩擦和大腿的闭合。这种自慰行为为这片快感区在未来性活动中的主要地位作了准备。

儿童手淫的第二期：幼儿自慰历程一般较短，并在潜意识中烙下深刻印象，它决定了正常人的性格及青春期后患心理症者的症状。经过精神分析，可使被遗忘的或伪装转换后的材料浮现在意识层面，以此来根除强迫性行为。

幼儿手淫的再现：婴儿期的性兴奋在童年的岁月会再现，成为一种自发的、要求着自慰之满足的痒感，或形成一种类似遗精的过程。其性活动再现的外在诱因主要来自成人或其他小孩的教唆。如恋童的性对象，或以手淫获得生殖区的快感。由于诱导作用，导致性生活的变态，说明人性中有原始的性反常的倾向。

部分冲动：幼儿性生活大都控制在自己的快感区部分，

但也带有视他人为性对象的成分。如幼儿除了喜欢展示自己的裸体或性器官外，还有想看别人的好奇心。若不建立起阻抗，便会滑入自淫或窥视症，如遭潜抑，则以心理症症状表现出来。幼儿性冲动具有残酷的倾向，此倾向与快感区无关，是来自征服的冲动。对那些对待动物和伙伴特别残酷的儿童来说，他们早年可能经历过极强烈的性快感区的感受。我们必须禁止对儿童臀部的惩罚，它往往是导致被虐待症的根源。

儿童性欲的来源

好奇心：三岁到五岁期间，儿童探索与求知的欲望也开始了。他们的活动一部分固然来自掠夺欲的升华，另一方面来自视淫冲动，其好奇心深受性问题的吸引。

狮身人面兽之谜：底比斯的狮身人面兽之谜的还原是婴孩从何而来。一般儿童都很痛快地接受两性存在的事实。男孩一般认为所有人与他一样具有同样的性器官。

阉割情结和阳具羡慕：当男孩得知其他人并不都像他有一样的性器官，而且其性器官会因阉割而失去时，经由震惊、反抗、挣扎最后承认这一事实。女孩因得知不像男孩具有阳具而很快承认现实并羡慕男性的阳具，希望自己是男孩。这是男性摆脱不掉对男性的鄙视和女性自卑的根源。

关于诞生的理论：幼儿对于"孩子从哪里来的"问题产生过强烈兴趣。回答问题的答案是五花八门的。往往认为吃了特殊的东西，然后像排大便一样使孩子出世。幼儿的理论让人联想到动物泄殖腔。

性行为中包含的虐待意味：由于成人考虑不周，将性行为暴露在孩子面前，他们便对性行为留下一种欺负、侮辱、带虐待性质行为的意念。

幼儿探讨的注定失败：由于孩童无论如何不可能知道精液的受精功能及女性生殖道的存在，所以他们对性及生命的设想和猜测，最终是劳而无获，茫然不知。这种情况常常永久地挫伤儿童的求知欲。自此之后，他面对周围人时总免不了会有一种强烈的隔离和孤独之感。

机械性兴奋：指当身体做机械式的规律性摇动时发生的性兴奋。儿童追逐此种方式，后经潜抑将其化为厌恶，对机械式摇动的惧怕常与歇斯底里式的创伤性心理症并发。第二来源是肌肉的活动，从肌肉的活动中（打架等）获取性兴奋（虐待冲动的根源）。强烈的情感活动包含性兴奋的因素（施虐、被虐的根源）。最后一种引起性兴奋的活动是智力活动。由于每个人的性构建有其独特倾向，不同来源的贡献因人而异。

逆向影响：所有从身体其他功能导向性活动的路线或通

路，其反方向亦可走通。如性满足可以通过摄取食物而达到，反过来此区域性功能一旦有了障碍，也可以干扰营养的摄食。心理症的症状常表现为非性方面的身体功能错乱及性的欲望的升华，都是同理。

性组织的发展阶段

性器官前期组织：主要指生殖区尚未扮演主角时性生活组织系。有两种情形：第一种性器官前期体系是口欲体系，性目的在于把对象合并到自己体内。吸吮指头便是这阶段的残迹。第二种是虐待性的肛门性欲，性有两极分化，存在主动和被动两种，外部的性对象已存在。以上体系可能持续终身，一直支配性生活的大部分。它还具有那成对又相反的冲动（如爱恨交织），我们称之为矛盾心理。

对象选择的两个时期：第一时期三到五岁间，性目的纯属儿童式，到达潜伏期突然或渐渐消失；第二时期始于青春期，有了性生活的明确形式。由于潜伏期把性对象选择分为两次出现，这对病态行为的出现影响很大，也是人们之所以不能把欲望全部集中于单一对象的原因。

青春期的改变

青春期开始寻找外部性对象，所有性兴奋的其他来源都开始服从首要的生殖区。当新的关系和新的构造需要复杂的机制去完成时，如不及时妥善地建立新的秩序，发展过程受抑制，病态的紊乱便可能发生。

生殖区的首要性及前期快感

性生活最终定型于生殖区参与的第三期。此时个体内外生殖器已成熟，性兴奋进入状态，精神肉体产生紧张感，有了性行为的预备动作。性兴奋的紧张必然伴随愉快感，经由排泄，快感得到满足，原欲的紧张感消除。前期快感是由儿童期快感区激动产生的，终极快感是随青春期的排泄而获得的。许多反常形成的机制在于阻止了前期感向终极感的发展，如强迫性行为。

性物质的释放可中止性兴奋，相当程度的性紧张是不可少的；性腺的割除并不能消除性心理特征；性兴奋受分泌物化学变化的影响。

原欲是一种或大或小的用来测定性兴奋领域内的不同过程及变态的力量。原欲（根据共源泉和属何种心理过程）有质与量的差异。性兴奋不仅来自局部，更多来自全身各器官。自我原欲可投射到特定对象上去（以紧张力呈现的对象原欲），化为个人性生活的状态（可用来解释转移型心理症），最后从对象中撤回，再度变成自我原欲。原欲论可用来解释心理症及精神病状态。

青春期男女的分化

男女除天性方面有差别外，女童性抑制较男孩来得早，程度也少些。她的性潜抑倾向明显，部分冲动呈现被动型。而自体享乐和自慰式性表现，男女无异。原欲也都是男性的（即主动的），只有对象才分男人或女人。女人主要快感区在阴蒂，它与男性的阳具相似。青春期的潜抑作用在女人身上是性抑制的加强，而在男人身上却是原欲的进一步被刺激，能量增强。由此造成男逐女。女性阴蒂的作用是，把性感的激动由它顺利传达到紧邻的女性阴道上去。如传导不顺，产生性冷淡。女人之所以易患心理症（特别是歇斯底里症），根源在于首要区的此种转换及青春期的潜抑作用。男人从儿童向成年过渡无须这种转换。

对象的寻求

婴儿性对象指向双重功能的母亲乳房，以后失去了性对象，变成"自体享乐"，直到潜抑期过后，与性对象的关系重建。在整个潜伏期内，儿童都在学习怎样去爱那些满足他们要求和帮助他们的人。这其实不过是那种吸吮母乳的原始性感模式的一种延续。父母的爱抚行为，激发了孩子的性本能和加强了这种本能日后的强度，无意中教会了孩子如何去爱。但若过分的溺爱或受其他成年人诱导，可导致潜伏期中断，长大后承受不了一丁点的爱抚的减少，从而沾染上心理症的症状。此影响比遗传更为便利。如原欲不能满足，可化为不安、焦虑、胆小等。成人，反之亦然，当原欲不能满足而焦虑不安时，表现得像孩子般，如害怕独处等。

男孩恋母，女孩恋父。这是儿童期的性对象的特征。潜伏期内他们开始要克服和放弃明显乱伦的幻想，构筑起防止乱伦的堤防和其他一些对性施加抑制的途径。脱离父母的管束，竭尽其能地疏远他与家庭之间的关系，青春期中最痛苦的精神历程从而得以完成。性爱与对父母的纯净之爱原是出于同一根源。后者是幼儿期原欲的固置。如此阶段不能摆脱对父母的依恋，那她以后往往会成为冷淡的妻子。同样道理，若健康的人因失恋得病，是因为他的原欲退回到幼儿期所依恋的对象上去了。

双亲的情爱乃是幼儿心灵中最重要的内容，由于堤防已建立，性对象的选择不可能是他们的照顾者，而是与父母相

110

似的外人（不无父母的影子）。即便是情人的嫉妒心理，可追溯到幼年的经验。如果双亲不和，常常争执不休，婚姻不愉快，其子便很有可能在性的发展中产生错乱，甚至出现心理症。

性对象的选择并非轻而易举地指向异性。能抵制性对象颠倒的最终强大力量无疑来自异性性特征间的相互吸引。此外还有社会性的权威禁忌，儿时受异性家长照顾的记忆，受同性家长的阻挡、竞争等。在歇斯底里的患者中发现：父母离婚、分居或过早死亡的单亲子女，其全部爱情皆被剩下的单亲所吸收，因而决定了这个孩子在日后选择性对象所期望的性别，终于导致了永久的性颠倒。另外，青春期肉体与精神两者在一段时间内发展不平行，直到强烈的性欲冲动震撼了生殖器的神经系统，才使性欲功能的身心合为一体，从而达到正常状况。成年人的性本能来自幼儿期的多种冲动，这多种冲动组织合并起来，又指向单一的目的。性反常是人类性本能中最基本和最普遍的癖性。一切脱离常态的性变异是整个性发展的中断和幼稚病，或是正常本能的分崩离析。青春期内，由于生殖区的软弱，原来应该发生的各要素的聚合现象便不能发生，致使性欲中其他一些较强的部分取而代之（代替生殖区），从而形成了性的反常。

对《性学三论》的评价

1905年《性学三论》的第一版，只是八十页的一本小册子，却具有爆炸性。到了1925年的第六版，它已经增加到一百二十页。但仍然有些秘密没有在这本书里解开：包括对于快感的定义，以及驱力和性激动的本质。即便如此，弗洛伊德研究了许多难以解开的谜团，他把性欲的感受起源推回到生命的早期阶段。人的羞耻感和恶心厌恶，一般品位与道德的标准，对艺术和科学的研究等等，全部在弗洛伊德世界里联结起来：即使玩笑和审美活动，及其产生的"前期快感"，都因此打上性驱力以及发展过程的烙印。

弗洛伊德对原欲观念定义的宽泛，使他成为心理学的自由派。既然全人类分享相同的性欲生活，所有的男人女人在文化的制约下都是兄弟姐妹。性观念的激进者以他们的所谓"生殖器意识形态"责难弗洛伊德，因为他把成年人异性恋的性交活动，配上温柔可爱的伴侣及少量的前戏，当作全人类应该共同渴望的理想。虽然如此，另一些人却因为弗洛伊德没有把这个理想画面配上一夫一妻制而对其责难。他的意识形态在他所处的年代看来是极为颠覆的，即使他对于这些变态活动抱中立态度，也没有降低他的"颠覆力"。弗洛伊德相信，不论是恋物癖或者同性恋，都不是过错，不是罪恶，也不是疾病，只是人类的本能。弗洛伊德不是泛性主义者，他在1920年《性学三论》的第四版序言里，以严厉的口吻提醒读者，是德国的哲学家叔本华这位反抗者和局外人，在不久前"所强调过的，人类的目标和行动都被性欲冲动所决定的"是文化的历史事实——那些坚持精神分析"以性的观点解释了所有的问题"的批评者，常常太轻率地遗忘的事实。

　　弗洛伊德对这些恶意的批评中伤诽谤，不管多么苛刻，从来不予回答。他唯一发表的维护自己理论的著作是《精神分析学运动史》（1914），用以说明这些理论与阿德勒（星期三心理学研究小组成员之一）和荣格所提出的对立理论的基本分歧。对于其余的那些攻击，他的回答就像达尔文一样，仅仅是默默无声地继续发表新的证据。

第8章

人类的导师：精神分析运动之父

辉煌的成就伴随弗洛伊德度过 50 岁生日

1906 年 5 月 6 日，弗洛伊德年届五十。这之前的岁月，充满奖赏，充满辉煌。在 1899 年末至 1905 年之间，他出版了两部关键性的巨著——《梦的解释》与《性学三论》；一部专业性的研究著作——《笑话与潜意识之关系》；一部有关日常生活精神病理学的畅销书和一部案例分析报告——《少女杜拉的故事》，这是一个引起广泛争论的报告。另外，经过争取，他终于获得特任教授的头衔。随着在维也纳的医生支持者不断增多，他在专业上的孤立感开始消退。他审视自己未来的道路，使其理论进入细致化与修正化的阶段，然而，他也发现，精神分析圈的人事纠纷将占去他不少的宝贵时间。

为祝贺弗洛伊德50岁生日，其追随者订制了一枚大纪念章作为礼物。纪念章的一面镌有他的侧脸像，另一面是俄狄浦斯破解斯芬克司之谜的情景。上刻古希腊三大悲剧作家之一索福克勒斯铭文："他解开了著名的谜题，是个了不起的伟人。"弗洛伊德看到后，脸色变得苍白而激动，是啊，这意味着，许多人已经肯定了这个潜意识探索的巨人。

50岁的弗洛伊德思想力旺盛且身体强壮，不过却时而被自己会老朽的灰暗念头所困扰。早在44岁的时候，弗洛伊德就自嘲为衣衫褴褛的以犹太人，这种情绪不断在内心扩展。不过他旺盛的生命力和精力，很难让别人察觉他内心潜藏着这种精神官能症般的感觉。弗洛伊德虽然只有中等身材（身高约一点七三米），但是仪表威严、衣冠楚楚、目光炯炯有神，站在众人之中，他显得鹤立鸡群。

弗洛伊德的眼睛受到很多人的议论，这时期与他交往甚密的威托斯形容他的眼睛"棕色而有光泽"，带着"审视性的眼光"。有些人觉得弗洛伊德的眼睛使人难以忘怀，其中之一是葛拉夫。葛拉夫是维也纳的音乐学家，对心理学深感兴趣。他在1900年年初认识弗洛伊德，很快成为密友。他形容弗洛伊德的眼睛"漂亮"而"严肃"，"看起来像是从某个深处打量别人"。英国女精神分析师琼恩·李维叶说，弗洛伊德拥有"深具魅力的幽默感"，但是却让人望而生畏，因为他"头总是向前探，眼睛锐利而凌厉"。正像弗洛伊德自己所说，"观看"是比"触摸"更为文明的感官形式，这一双锐利的眼睛，自然是与他最匹配不过了。

不过，他的气势，有一部分是精心营造出来的。甚至他的髭须与尖尖的颔胡，每天都经过理发师修剪。弗洛伊德已经下定决心，要节制自己的一切欲念（火山般的情绪、对思辨的沉湎和无穷的精力），一心一意为实现他的使命而努力。

大师的普通人生活

1910 年他在写给朋友费斯特的信上说："我不能想象没有工作的生活会是舒适的。"又说："对我来说，遐想与工作是重合的；除此之外，没有其他会让我觉得是娱乐。"弗洛伊德所以能取得这样的成就，与他个人的兴趣与爱好分不开，与他年复一年、日复一日的辛勤努力分不开。

为了专心致志地工作，他除了用毅力自制外，还用最精确的时间表来规范自己的生活，哪怕是日常生活里的调剂变化。牌局、散步、度假，都有自己的时间表。他每天早上七点起床，八点开始接待病人，一直工作到十二点。午餐准时在一点开始。钟声一敲响，弗洛伊德会从书房走出来，他太太坐在餐桌的另一边，与他对面坐下，女佣随之出现，把盖汤碗端到桌子上。饭后，弗洛伊德会出去散步，以促进血液循环，有时候顺道去寄出校对稿或买雪茄烟。会诊在三点进行。之后，会见更多的病人，往往一直到晚九点为止。然后是晚餐，饭后有时候他会与小姨子敏娜打一会儿纸牌，要不就是跟太太或女儿散步，散步的终点是一家咖啡厅，他们会在那里读报，夏天还会吃一点冰激凌。晚上的其余时间，弗洛伊德会用来看书、写作或从事精神分析期刊的编辑工作，他总是在凌晨一点就寝。

弗洛伊德在大学开的课，时间总是不变地排在星期六下午五点到七点。下课后，他也总是不变地到老友柯尼斯坦因家打塔洛克牌。这是一种四人打的纸牌，在奥地利与德国相当流行，历史悠久，弗洛伊德非常喜欢。星期天早上，去探望母亲，之后，写一些过去一星期该写而没有写的信。每年夏天度假对弗洛伊德一家来说是件大事，也是他们翘首企盼的。弗洛伊德在度假前几个月就开始筹备，这期间他大部分的书信都会提到这件事。

夏天一到，一家人包括夫妻俩、六个子女和小姨子敏娜，就前往奥地利或巴伐利亚，住进山区的旅馆。全家人会一起捡蘑菇、采草莓、钓鱼和爬山。1904 年夏天，弗洛伊德和他的朋友亚历山大一起去雅典，站在卫城上，他思绪万千，因为这个他在书本上十分熟悉的地方，现在终于真实地出现在他的眼前。

弗洛伊德有时也会陷入情绪的低潮，但他不会长期沉湎于忧郁的思绪中，他很快又能调节好自己的心情，表现出精力充沛。照片里的弗洛伊德，脸色以忧郁居多。他自有脸色忧郁的理由：他的许多追随者有太多可叫他愠怒之处。不过，这并不是他脸色忧郁的唯一原因。弗洛伊德不喜欢照相，显然就是这个缘故，正式照片的他，看起来要比真实生活中的本人肃穆。然而，有些人趁他不注意的时候拍下的照片，却可以看到一个不一样的弗洛伊德。他或是在欣赏巍峨的山脉，或在审视一颗丰满的蘑菇，或在凝视异国风光，满脸都是喜悦的表情。这个弗洛伊德和正式照片中那个神色忧郁的弗洛伊德一样，是心灵世界的牛顿，是独自遨游过深邃知识海洋的思想家，是那个用冷峻眼神审视人的心理世界的创教大师，不同侧面都是真实的弗洛伊德。

规律化并不代表僵化。事实上，弗洛伊德喜欢灵活的生活，也喜欢与出版商或翻译者进行非正式的会面。除此之外，最能反映他处事弹性的是，他不会死守自己某些观念不放。除去一些精神分析最基本的原则以外，如"儿童性欲""精神官能症的性病源"和"压抑作用"，他对潜意识的理论性和学术性的分歧，态度是敞开的，甚至是欢迎的，他一点都不害怕妥协。他的谈话风格如同他的书信风格一样，清晰而有力，充满原创性的构思。他喜欢说笑话，特别是一针见血的犹太人笑话；而且记忆力惊人，他在讲演和写作时，可以信手拈来引用最合适的诗歌或小说。他是一个听众喜爱的演说家，讲话时语音缓慢、清晰而充满活力。有人说，他的教学方法是一种德国人文主义加上法国人说话的语调，既无虚浮的词句，也不矫揉造作。

弗洛伊德为人父的风格，跟他当讲演者、作家和慈善家的风格是一贯的。尽管弗洛伊德一辈子都讲究 19 世纪的家庭礼节，但他不是一个墨守成规、因循守旧的家长。在弗洛伊德太太的操持下，家庭生活井井有条，弗洛伊德全心全意地安心写作。

弗洛伊德夫妻要求孩子，有一个基本规则，就是品行端正，而不是畏首畏尾、前怕狼后怕虎。正如他们的长子回忆的那样，妈妈虽然慈祥，却是一个有原则的家长。弗洛伊德重视孩子的学习成绩，但是并不过分强调。尽管他要求孩子规规矩矩，但并不禁止他们嬉笑打闹。他不会让孩子只准做这个，不准做那个，鼓励孩子给家长提问题，尊重孩子的独立人格，这是一种精神分析理论在实际中的运用。

弗洛伊德在那时候并不是一个严肃的人，也绝对不是一个禁欲主义者，然而他的性生活似乎从很早就开始逐渐减少。从 1893 年 8 月，他 37 岁的时候，就已经开始过着节制性欲的生活。但这并不是说他从此就没有性生活，因为他最后一个小孩安娜，是于 1895 年出生的。弗洛伊德的寡欲，多少与他对任何形式的避孕方法都存在偏见有关。51 岁时，弗洛伊德曾经对追随者说，"我们文化人多少都有一点点心理性阳痿的倾向"。

在 1908 年的一篇性规范的论文里，弗洛伊德指出，现代文明对性欲节制有极其苛刻的要求：它要求人们把性行为延至婚后，并把对象局限于单一的性伴侣。弗洛伊德相信，对大部分人来说，这种限制都是无法遵循的，而如果遵循的话，将付出沉重的精神代价。"只有小部分的人可以通过升华，通过追求更高的文化理想，成功地达到节制性欲的目的。"而其他大部分人"不是会得精神官能症，就是会得其他心理创伤"。

收藏古物是弗洛伊德的终生爱好，他的收藏具有极大的热情和系统性。他阅读了大量的书籍，热情地跟踪各个考古挖掘进展情况。古代文物给他带来的乐趣是巨大的，早期，他只能依据自己的财力状况搜购，后来，朋友和追随者的大量馈赠，使他的收藏大幅增加。晚年，他常坐在诊察室那张舒服的扶手椅上四面张望，可以看到阿布·辛拜勒一座古埃及神庙的大画，一幅英格尔油画的复制品（画的是伊底帕斯诘问斯芬克司的情景），还有一幅是吉萨的狮身人面像照片——它再次让人联想，弗洛伊德是重大谜题的无畏征服者。

弗洛伊德曾经对人说过，精神分析就像考古学家一样，必须要层层挖掘起病人的心灵覆盖物，才到达了最深层、最有价值的宝藏。不过从更深的一层来看，弗洛伊德酷爱古物，似乎是因为它们代表着一个失落的远古世界犹太民族可以溯源之处。他对古物的偏爱，还因为古文物是他终生工作的主要隐喻。他认为，"石头是会说话的"。他常常为自己新近分析了一个病人而感到快乐，仿佛他发现了特洛伊城。

攀登事业的顶峰

1906年，卓越的瑞士精神分析学家布罗伊勒和荣格，以及他们学派的学生们，宣布放弃自己旧有的学说，赞成弗洛伊德的方法和结论。他们是第一批采取这样做法的非维也纳人。1908年4月，荣格创办了国际精神分析学协会。这个组织现在已在世界绝大多数国家有了分会。国际精神分析学协会在萨尔斯堡召开了第一次代表会议，出席会议的代表有四十二人，其中包括亚伯拉罕、布罗伊勒、费伦茨、荣格、琼斯。

1909 年 9 月，弗洛伊德和荣格应霍尔校长的邀请，到美国马萨诸塞州的克拉克大学进行学术讲演。这是弗洛伊德的研究工作第一次得到承认，也是他唯一的一次访美。同时他公开露面也仅有这一次。在这次访问中，他与波士顿的神经学家普特南建立了亲密的友谊，并一直保持到普特南于 1918 年去世为止。阿德勒、斯特开尔和荣格相继于 1911 年、1912 年和 1914 年因个人和学术的意见分歧，而与弗洛伊德断绝关系，分道扬镳。

1912 年，琼斯组成了一个名为"委员会"的私人团体，成员有亚伯拉罕、费伦茨、兰克、萨克斯和琼斯自己。过了几年，马克斯·艾丁根也参加了这个团体。委员会的作用是对弗洛伊德的业务管理问题提供意见并进行帮助，同时也在他和外界攻讦他的人之间形成一道壁障。

1917 年，弗洛伊德曾写成《简森所著〈格拉第瓦〉一书中的幻想和梦》，这是一部引人入胜的对简森的小说的研究著作。弗洛伊德在这位富于想象力的作家的创作中，看到了自己在梦和精神病神经病的观察中所阐明的同一心理机制和其他问题。

三年以后（1920），他又出版了一部雄心更大的研究著作《利奥纳多·达·芬奇和他对童年的回忆》，在这部著作中，弗洛伊德把达·芬奇对艺术的追求与对科学的追求之间的矛盾，追溯到达·芬奇童年时代的某些重要经历。

在弗洛伊德的启发下，他的一些学生，尤其是兰克，曾把他的方法用来解释神话和民间信仰，于是日益清楚地看出，人类想象力所表现出来的东西有很大部分是相同的。亚伯拉罕甚至能用这种方法说明三千多年以前最早的一位独神论者，埃及法老埃赫那顿进行宗教革命的动机。

1913 年，弗洛伊德发表了《图腾与禁忌》。这一部著作的重要性仅次于《梦的解析》。书中研究了很多特殊项目，如乱伦恐怖和情绪矛盾，他发现这些是儿童和野蛮人的原始心理中所共有的。他强调了原始人弑亲行为的意义，并将文化、道德和宗教的萌芽溯源于因此而生的懊悔和其他反应。这本书出版以后，一直都遭到人类学家的反对，但后来他们对这本书所抱的态度有了相当大的改变。

1914 年第一次世界大战爆发后，由于食物减少到最低限度，无法取暖，以及其他生活上的不适之处，给弗洛伊德和他的朋友带来了很大的困苦。战后，奥地利又发生了金融危机，这不仅使弗洛伊德丧失了所有的积蓄，而且他还要拼命工作，以避免破产的命运。

1915 年，弗洛伊德发表了唯一的关于时事问题的著作——《战争和死难时期的思潮》。他指出战争所引起的幻灭实际上并没有什么必要，因为这种幻灭是由于人们以前想当然地认为人类所获得的道德进步比实际更多而产生的，而这一点仅仅是被战争中可怕的事件揭示出来了。

十八年后（1933），弗洛伊德应国际联盟邀请，就"为什么有战争？"这一问题与爱因斯坦作通信讨论。在通信中，他虽然对未来抱有一些希望，却也正视了消灭战争的道路上所存在的障碍。

精神分析运动的分裂

1910年3月30日至31日，第二届国际精神分析大会在纽伦堡召开。会上宣读了一批高质量的论文，在国际上产生了影响。而且，这次大会的召开本身也标志着由弗洛伊德提出的精神分析理论已经得到国际上的承认。大会之后，弗洛伊德的著作被译成多种文字，精神分析作为一种运动像雨后春笋一样在世界各国蓬勃开展起来。

然而，会议也出现了许多不愉快的场面。精神分析运动一开始的三足鼎立局面似乎就已经预示了后来的不团结。而弗洛伊德因他的学说走出了维也纳，走出了犹太人的圈子，他对荣格等人的过分夸赞，也多少会引起维也纳的精神分析学家们的不满。因此，精神分析运动中的分歧固然有其深刻的理论原因，在这次会议上，更多的争论还是由不同地区、不同个人之间的争权夺利引起的。当一种至高无上的科学运动被蒙上政治利益的阴影时，不能不说是这运动的悲剧。幸好，弗洛伊德本人并不是追名逐利之辈。他主动放弃自己作为精神分析运动的创始人应有的地位，以平衡各派之间尤其是荣格和阿德勒之间的权力争执。

大会终于决定成立一个统一的、国际性的协会，并且在各国设立分会。协会的主席由荣格担任，荣格委派秘书林柯琳担任《国际精神分析学会通讯》的主编。阿德勒则负责主编另一份《精神分析中心杂志》，并由斯泰克尔任该杂志的发行人。而荣格仍继续主编原来的《精神分析与精神病理研究年鉴》。

弗洛伊德不是政治家、不善权术。他在会后给一位朋友的信中写道："我已经精疲力竭，毫无办法了。"而且，他也很清楚，"事情并没有就此结束"。五个月后，正如弗洛伊德所预料的那样，阿德勒退出协会。两年半之后，斯泰克尔也宣布退出。

由于精神分析是一门新兴的学科，许多概念和方法都在创立的过程中。因此，由弗洛伊德首创，并由众多追随者一起加以讨论和完善的精神分析科学，很难追究每一个概念、每一种方法是由何人提出的。而阿德勒则是个力争"创见权"的人。弗洛伊德一心搞研究，而阿德勒则关心政治。他的妻子是俄国人，与托洛茨基等人交往甚厚。因此，在"星期三心理学学会"中，阿德勒纠集了一批人，宣传"社会主义的精神分析"。以至到最后，公开与弗洛伊德摊牌，在精神分析的基本原理上与弗洛伊德唱反调。一次，他甚至挑衅地问弗洛伊德："你真的以为我会愿意把自己的一生淹没在你的影子里吗？"因此，阿德勒最终脱离弗洛伊德可以说是必然的。而斯泰克尔则是另一种类型的人。他的长处是善于交际，在出版界有不少朋友，为宣传精神分析的学说出了力。而在学术上，他虽然小有成就，但更多的还是哗众取宠而不顾事实真相的研究风格。因此，当斯泰克尔把建立在虚构材料上的研究报告提交出来的时候，他和具有严谨科学态度的弗洛伊德之间的冲突就在所难免了。

1911年9月，第三届国际精神分析大会在魏玛召开，共有五十五名代表参加大会。由于阿德勒的退出，这次大会开得较好，没有发生上次会议的那种大争吵。有一批高水平的论文在会上宣读。可是，好景不长。一年之后，曾被弗洛伊德称作"儿子和继承人"的荣格也开始公开撰文，强调他与弗洛伊德在理论上的重大分歧。

与荣格的分裂是弗洛伊德在学术上受到的最大打击。这不仅因为荣格是弗洛伊德最有影响力的追随者，更重要的是，他在许多方面曾启发过弗洛伊德的灵感。弗洛伊德学说中的一些基本概念，如"原欲""俄狄浦斯情结"等等，都留有荣格的思想印迹。甚至有的词，如"情结"等，也出自荣格之口。然而，后来荣格却修正了弗洛伊德的学说，淡化了其中有关性的内容。

1913年秋，在慕尼黑国际精神分析大会期间，弗洛伊德与荣格曾试图弥合他们之间的裂痕。可是，这次会谈最后也无果而终。10月，荣格辞去了《精神分析与精神病理研究年鉴》的主编职务。1914年4月，荣格又辞去国际精神分析学会主席的职务。至此，他彻底脱离弗洛伊德而自立门户了。

如果深究精神分析运动分裂的原因的话，除了理论观点的分歧之外，在一定程度上还有弗洛伊德本人性格上的弱点。荣格比弗洛伊德小19岁，阿德勒也比弗洛伊德小14岁。弗洛伊德在感情上对他们二人，乃至对整个精神分析运动都有一种"父亲情结"。既有一种爱，同时又独断专行。像荣格和阿德勒这样有思想、有抱负的年轻人是很难长期屈居弗洛伊德的羽翼之下的。这样，国际精神分析运动就分裂成了三派。这三派分别由弗洛伊德、荣格和阿德勒领导。随着时间的推移，荣格和阿德勒风华正茂，而弗洛伊德却在步入老年。

晚　年

　　1914年，原定在德累斯顿召开的国际精神分析大会由于第一次世界大战的爆发而不得不取消。大战开始的时候，弗洛伊德是支持本国军队的。他的三个儿子也都应征参加了奥地利陆军。然而，使弗洛伊德备感苦恼的是：他每天要为儿子的安危担心；由于战争影响，无人前来看病而使他的收入锐减。弗洛伊德逐渐厌恶战争，心情始终不太好。他甚至还常常想到死亡。按照弗里斯教过的算命方法，他把自己的死期预计在1918年。为此，弗洛伊德拼命著述，着手撰写《元心理学》，其中应有的十二篇文章，后来只留下了五篇。他还作了二十八场有关精神分析的讲演，以期为精神分析运动作最后的贡献。这些讲演通俗易懂，颇受一般听众的欢迎，最后于1917年结集出版。

　　1918年9月，在布达佩斯召开了第五届国际精神分析大会。由于战争的影响，参加会议的代表绝大多数来自轴心国家。大会选举弗朗齐为主席。在会议期间，布达佩斯的千余名大学生联名要求校方开设精神分析课程，由此可见当时精神分析运动的影响。与此同时，一位被弗洛伊德治好了顽疾的富商还捐赠了五十万美元。弗洛伊德准备用这笔钱来成立一个精神分析出版社。次年，维也纳大学聘请弗洛伊德任教授。他把这个迟到的职位戏称为"空洞的头衔"。好日子没过多久，一连串打击又向弗洛伊德袭来。首先，是他接受的大笔捐款和他自己的三万美元存款都因通货膨胀等因素而突然贬值。

到了1920年，虽然弗洛伊德的经济状况稍有好转，但是女儿索菲的突然病故使他悲痛万分。三年后，索菲的第二个儿子海因茨也因病死亡。这使弗洛伊德在感情上遭受了一次更为沉重的打击。因为，海因茨是弗洛伊德最喜欢的外孙。他的离世不仅使67岁的弗洛伊德再次忍受白发送黑发的痛楚，而且"悲伤已深深地刺痛"了他，使他在很长时间里无心思考，无心著述。加之，弗洛伊德在1923年4月做了上颚肿瘤的摘除手术。开始的时候，他还不知道这肿瘤是恶性的，只是默默地忍受病痛的煎熬。四个月后，他写道："这段时间，我时刻处在疼痛之中。"半年之后，医生发现肿瘤已经扩散，于是又为弗洛伊德做了上颚摘除术，并为他装了假上颚。从此，弗洛伊德一直在顽强地与病魔作斗争。直到去世为止，医生先后为他做了十三次手术，其间的痛苦是常人难以想象的。

从1922年起，国际精神分析大会仍然每一两年召开一次会议。尽管弗洛伊德因自己的身体条件而不再参加后来的大会，但他始终关心着精神分析运动的健康发展。

1926 年 5 月 6 日，弗洛伊德度过了自己的 70 岁寿辰。他获得了四千二百马克的贺礼。这笔钱的五分之四被转赠给国际精神分析出版社，另外的五分之一则送给维也纳精神分析诊所。同年的圣诞节期间，弗洛伊德夫妇去柏林访问，看望自己的儿孙，同时也与爱因斯坦进行了两个小时的愉快会谈。

1930 年，弗洛伊德写出了《文明及其不满》等著作，得了歌德文学奖，但他来不及高兴就又得到一个噩耗：他心爱的母亲去世了，这让弗洛伊德本人的病情迅速恶化。对他的母亲，弗洛伊德始终怀有着极其深厚的感情。每当他遇到困难的时候，母亲的崇高形象是他力量的源泉；每当他在灯下思索着人类精神的奥秘时，与母亲之间的无形而又强烈的感情联系，则是他灵感的源泉。

母亲的死，虽然使他悲痛得无可比拟，但同以往所经受过的一切打击一样，也给了他新的推动力量。1930 年 10 月，弗洛伊德又一次动了手术。同往常一样，这次手术从他的手臂上割了一块皮，移植到下颚部。可是手术刚完不久，他又得了支气管肺炎。

1933 年，希特勒控制了德国，开始残害犹太人。弗洛伊德的著作被列为"禁书"，国际精神分析出版社的财产被没收，德国精神分析学会也被迫改组。

1936 年 5 月，弗洛伊德度过了最难忘的 80 岁寿辰。弗洛伊德在家中举行了隆重的庆祝宴会。接着，在连续六个星期中，他收到了从世界各地寄来的贺信和发来的贺电。他的朋友们，其中包括托马斯·曼、罗曼·罗兰、朱里斯·罗曼、威尔斯、弗吉尼亚·伍尔夫、史迪凡·茨威格等人，都发来了热情洋溢的贺信。

　　最使弗洛伊德高兴的是爱因斯坦寄来的贺信。下面是爱因斯坦在 1936 年 4 月 21 日自美国普林斯顿寄来的信的部分内容：

　　尊敬的弗洛伊德先生：

　　……………

　　　我感到很高兴的是，我们这一代有机会向你这位最伟大的导师表示敬意和祝贺。毫无疑问，你已经轻而易举地使那些具有怀疑思想的普通人获得一个独立的判断。迄今为止，我只能崇奉你的素有教养的思想的思辨力量，以及这一思想给这个时代的世界观所带来的巨大影响……

　　爱因斯坦向弗洛伊德致以最热烈的祝贺和最崇高的敬意。最后，在信的附注中，爱因斯坦说他的这封信不值得给予回复，希望不要过多占有弗洛伊德的宝贵时间。弗洛伊德为爱因斯坦的信所感动，他终于决定回复爱因斯坦，表示对他的衷心感谢。弗洛伊德在给爱因斯坦的回信中说：

尊敬的爱因斯坦先生：

你不让我给你回信的愿望落空了。我实在得必须告诉你，当我收到你那非常善良的信，听到你的判断的演变过程……的时候，我是非常高兴的。当然，我始终都知道，你之所以"仰慕"我，仅仅是出于礼貌关系以及对我的学说的某种信赖；尽管我自己经常反问自己，你对这些学说所仰慕的究竟是其中的哪些内容，假定我的学说不正确的话——也就是说，假定它并不包含许多真理的话。顺便说一下，难道你不认为，如果我的学说包含了相当大的错误成分的话，对我来说就会得到比现在更好的待遇吗？你比我年轻得多，所以，在我的"继承人"当中定会有人在你到达我的岁数时对你作出评价。我是不会知道这些事情的，所以，我只好现在提前为此而高兴……

这两位巨人之间的相互关怀和敬仰以及双方表达出来的谦虚精神，是他们的崇高品质的自然流露，也是那个历史时代的产物。他们都受到了法西斯黑暗势力的迫害，他们需要相互支持和同情。

弗洛伊德从小就喜欢英国，19岁那年他曾到过英国，而这次英国却成为他最后的归宿。他在英国受到热烈的欢迎。人们纷纷对他的平安到达表示祝贺。1936 年 6 月 7 日，英国社会科学院甚至还为弗洛伊德的平安到达作出一项祝贺的决议。英国国王也于 1936 年 6 月 23 日亲自看望了他。

8 月 1 日，在巴黎召开了第十五届国际精神分析大会。与会的代表们发生了争执。由于意见不统一，大家一起来到弗洛伊德家中。经过弗洛伊德的努力，双方才达成了一致。

一年以后，弗洛伊德的病情迅速恶化。他知道，属于自己的时间不多了。虽然他未能写完《精神分析纲要》，但值得欣慰的是，他终于见到自己写的《摩西与一神教》的英译本。这是他在病痛中所能期待的最后一个好消息。

1939 年 9 月 23 日午夜，在完成了一切他所能完成的工作之后，在几乎耗尽了体内最后一点能量之后，弗洛伊德安静地躺在病床上，慢慢地进入了梦乡。这是一个永远无人知晓，永远无法进行分析的梦。因为，梦的主人从此永远地告别了他所热爱、他所眷恋的人生。

9 月 26 日，弗洛伊德的遗体被火化。琼斯在悼词中说：从来没有一个人像弗洛伊德那样热爱生命，也从来没有一个人像弗洛伊德那样对死亡无所畏惧。用他生前最喜欢的英文正大光明来形容他的一生是当之无愧的。

弗洛伊德虽然去世，但是，他的精神遗产却是留给人类宝贵的思想财富。汲取弗洛伊德的思想精华是对弗洛伊德的最好纪念。

第9章

理论体系的构建：挖掘人的内心世界

建立在对人的行为观察与自省的基础上

弗洛伊德不是纯理论意义上的哲学家，他的优势在于有着非常丰富的医学实践经验，有敏锐的洞察力和丰富的想象力。因此，弗洛伊德的著作并不像康德、黑格尔或者胡塞尔等哲学家的著作那样有着典型的、德国式的思辨风格，他的文笔也不像这些哲学家那样晦涩难懂。

另一方面，弗洛伊德也不像某些偏爱形而上学、鼓吹"纯哲学"的人所认为的那样，仅仅是个精神病理学家。尽管弗洛伊德为了养家糊口而不得不终生以行医为业，并且他也确实是在行医的过程中，而不是通过博览众多哲学家的名著来获得创作的灵感；但促使弗洛伊德著述的动机却始终来自对人类命运的关注，来自对人类本质的深入思考。弗洛伊德学说的核心并非仅仅是论述对精神或神经疾病的诊断和治疗，而是要创立一种全新的有关人的哲学。这种哲学，与古今中外绝大部分的哲学一样，抱有一个坚定的信念，认为所有人有共同的本质，并且，这本质是可以寻求到的。

因此，我们就有可能把散见于弗洛伊德各部著作中的思想概括起来，按照一定的思路进行系统研究，从而理解其精神实质，弄清弗洛伊德对人类思想宝库的真正贡献。

弗洛伊德对人类本质的理解与德国哲学家的理性传统截然不同。他继承的似乎是法国机械唯物主义的信条。这一信条认为，尽管人类有理性、能思维，然而人与自然界的差别远没有想象的那么大。人在本质上仍不过是一部机器，只是这部机器比一般的机器更加复杂一些罢了。当然，作为机器就得有动力。在弗洛伊德看来，人这部机器的动力不是来自理性，而是来自原欲（利比多），来自人的本能。

这种本能实质上就是对快乐、对幸福生活的追求。由于社会文明的发展，人类满足自身本能的行为被限制在尽可能小的范围之内。人的本能要求被压抑到潜意识之中，很难被意识察觉。而精神分析的作用就是要深入了解人的潜意识，揭示出潜意识受压抑的过程，从而使人的精神生活得到解放。

因此，精神分析理论的核心在于潜意识学说。弗洛伊德的思想几乎总是围绕潜意识学说而展开的。只有理解了潜意识学说，才能真正理解弗洛伊德关于人的本能、人的本质，以及社会文明的总的看法。而如此深奥、如此具有独创意义的潜意识理论，却来自弗洛伊德对人们日常生活中经常发生的小过失、经常做的梦所进行的分析。

对过失的分析

人们在日常生活中，经常会发生一些小的过失。比如，有时心里想的是一件事，可是话到嘴边就说错了，这是"口误"；有时也会把熟悉的字写错（笔误），或者听错别人的话；有时也会突然想不起一个熟人的名字，突然忘记某件东西放在什么地方，甚至有时在谈话中突然忘记自己想要说什么；还有的时候会把应该放在某处的东西放到了另一处，或者错拿别人的东西；等等。

这些过失大致可以分成三类：一类属于口误、笔误或者听误等等；另一类属于遗忘（忘记名字、约会、打算等等）；还有一类则属于失误的行为，如错拿、错放，或者丢失物品等。这些小过失是经常发生的，人们早已司空见惯。由于这些过失并不重要、无关大局，所以通常不会引起特别的重视。如果发生了这种小失误，与此相关的人总是一笑置之，并不会去深究事情的原委。然而，弗洛伊德认为，对这些小过失进行深入的研究是完全必要的，在它们的背后一定存在某种引起过失的原因。而且，通过分析和研究引起过失的原因，我们也可以了解精神分析的基本方法，并借助这些方法来证明精神分析的一些基本观点。

那么，为什么会有过失呢？这些过失背后的原因是什么呢？过去，人们总以为这些过失是由三个方面的原因造成的：一是人在疲倦、头疼等身体不适的时候容易发生过失；二是人在高度兴奋、激动的时候容易发生过失；三是人在注意力不集中，或者注意力集中到别的东西上去的时候容易发生过失。常有大科学家由于思考问题而忘记自己该做的事，就是一个证明。

上述三方面引起过失的原因，概括起来无非是两条：一是生理上的原因，是由身体状况不佳而导致过失；另一是心理上的原因，是由精神状态不佳而导致过失。

弗洛伊德认为，上述的各种解释都没有揭示出引起过失的真正原因。首先，虽然有时候人们确实会在疲劳或兴奋的时候发生过失，可是人在生理和心理都正常的时候也会发生过失。因此，把过失的原因仅仅归结为生理或心理因素就很难让人接受；除非是指人在发生了过失之后，喜欢用疲劳或兴奋等外在原因来为自己开脱。同样，人在注意力不集中的时候固然会发生过失，可是有的时候即使注意力非常集中也会发生过失。比如，有时人们用心记忆某个名字或事情，可是等到需要用的时候却发现早已把该记的东西给忘光了。反过来说，有时候我们虽然对某事不加注意，也不会发生过失。因此，把过失归结为生理或心理的原因往往是不对的。

更重要的是，弗洛伊德认为，这种用表面的、偶然的因素来解释过失现象对从事精神分析工作来说，毫无助益，所以应该抛弃。用他的话说，这些只是帘子，而我们要看看帘子背后的东西。毕竟人们本来可能发生各种各样的过失，可是为什么最后只发生了这一过失，而没有发生其他的过失呢？例如，为什么我们遗忘了这件事而没有遗忘别的事，为什么写了这个错字而没有写别的错字。在严肃的科学问题面前，我们不能偷懒。我们应该尽量找到过失背后的真正的、必然的原因。找到发生过失的规律。

那么，究竟应该如何来解释人的过失行为呢？弗洛伊德认为，上述的各种解释都只是从产生过失的条件得出来的结论。如果我们考察这些过失所造成的结果，就不难发现，过失行为往往是有利于发生过失的人的。因此，弗洛伊德提出了一个重要的论点：人的过失并非无因而起，而是有意义的；

过失来自有目的的心理过程。

过失来自有目的的心理过程

我们先来看看第一种类型的过失，如口误、笔误等等。事实上，口误往往能反映一个人的心理活动。德语或英语等欧洲语言是拼音文字，所以经常会发生拼音上的口误。弗洛伊德举了大量这类例子来说明口误的意义。由于我们很难由中文去理解这些例子，所以只好省略。另外，还有一些不是由拼音发生的口误。比如，在日常生活中就有"说漏嘴的时候"。在莎士比亚的名剧《威尼斯商人》中，珀霞看中了巴萨尼奥，然而她已经向父亲发誓，所有求亲的人必须靠自己的运气，在金、银、铜三个首饰盒中选一个，她不能给求亲者任何提示。在她的心中，一心想告诉巴萨尼奥不必紧张，即使选错了，自己也属于他。可是，她又不能违背誓言而道出真情。在这种心理冲突之下，她对巴萨尼奥说："你的眼睛征服了我，将我分成两半，一半是你的，另一半也是你的——可我应该说是我自己的。"这样，珀霞终于通过口误，说出了她想说而不应该说的话。弗洛伊德认为，这个剧情证明了诗人、作家都非常清楚"过失是有意义的"这个原理。人们在自己发生口误的时候往往不加理会，可是一旦别人发生口误的时候就从来不放过，也不会原谅了。

以此类推，笔误的情况也大致相同。如果你的朋友在给你的信里把应该写在后面的字误写到了前面，那么你就可以推测他很可能不喜欢写字，或者是有点不耐烦给你写信。如果在他的信中错字迭出，那么，可以想象，很可能他对你有点漫不经心。至少，他不是个细心的人。同样，第二种类型的过失（遗忘）也是有意义的。琼斯有一次把一封写好的信放了几天才想起来应该寄出。可是信寄出后没过多久又被退回来了。原来，他忘了写收信人的地址和姓名。等他写好地址和姓名再把信寄出后，才发现这次又忘了贴邮票。经过这两次反复，他不得不承认自己内心多少有点不想寄这封信。按照这个思路推论下去：忘记还书或者忘记还钱的人，难免有不愿还书或者不愿还钱之嫌。如果有人未能按时赴约会，我们也绝不会让他（或她）仅仅用"对不起，我忘记了"这一类话来做解释的。接下来，第三种类型的过失，即行为上的过失（如错拿别人的东西等等）也不例外。有一位女士和姐夫去罗马游玩，别人送给她姐夫一枚金币。她十分喜欢这枚金币，而姐夫却对此并不欣赏。这位女士回国后发现，这枚金币竟被她误放在自己的行李中！她马上写信说明了情况，答应很快就把金币寄回。可是，信寄出之后，她无论如何也找不到这枚金币了。谁也不会怀疑，这位女士内心一定是想占有这枚金币的。

140

当然，事情还有另外一面。如果错拿别人的东西可能是有意义，或者说是有目的的，因为发生过失的人可以在过失中得到好处。那么，我们是否还能用这一原理去解释相反的行为过失呢？毕竟也有许多过失看起来对过失者并不有利。比如，有的时候，人们会丢失自己的东西，或者把自己的东西放错了地方。总不能说丢东西会对自己有利吧？那么，这类过失的意义又是什么呢？对此，弗洛伊德强调，问题往往还有另外一面：丢失了东西固然是个损失，然而如果这东西是别人送的，而自己又不喜欢送东西的人，那么丢了也无妨。有一次，弗洛伊德因医疗的需要不许一位患者给夫人打电话，可是当这位患者给弗洛伊德打电话的时候却拨错了号，拨到夫人的电话上去了。由此可见，即使发生过失的人没有从过失中直接获得好处，他也可能间接地获得更大的利益。因此，在这种情况下，过失仍然是有意义的。

当然，弗洛伊德也承认，"过失是有意义的"这一原理并不能解释所有的过失。毕竟也有一些过失是很难用"有意义"来说明的。但是，一般说来，正如魔术师说观众看到的只是观众想要看到的东西一样，弗洛伊德认定，我们说错的往往是我们想要说错的话；我们遗忘的往往是我们想要遗忘的事；我们拿错的也往往是我们想要拿错的东西；而我们丢失的则往往是我们想要丢失的东西。因此，人的过失并不是没有原因的，过失是有意义、有目的的心理过程。

那么，我们就有必要来分析一下发生过失的原因是什么。我们究竟是如何形成过失的？弗洛伊德认为，既然当我们应该做某一件事，而结果却做了另一件事的时候，我们称之为"过失"，那么，发生过失的时候，我们的心里一定有两种意向：一种是"被牵制的意向"，是本来按照常规，按照道德规范应该说或者应该做某事的意向；另一种则是"牵制的意向"，是内心真正想要说或者想要做某事的意向。牵制的意向潜藏在内心深处，不容易被发觉，只是由于某些偶然的因素才使其有可能暴露出来。这样，该说的话、该做的事由于受到牵制就没有说、没有做，于是就产生了过失。从被牵制的意向和牵制的意向之间的关系来看，二者是对立的。正是由于这种牵制与被牵制的对立，才会有内心的冲突。最后表现出来的过失，就是冲突造成的结果。

弗洛伊德进而把牵制的意向与被牵制的意向相互冲突的结果分为三类：一类是牵制的意向压住了被牵制的意向，使别人轻而易举地看出了过失的真正意义，而过失者本人也承认这个意义；第二类是牵制的意向与被牵制的意向混合起来，使别人很难看出过失的真正意义，而过失者本人还需别人提示才会承认这个意义；第三类则是牵制的意向未能压住被牵制的意向，使人无法看出过失的真正意义，或者即

142

使别人看出了这一意义，可是无论如何解释，过失者也不肯承认。

因此，牵制的意向与被牵制的意向之间的相互冲突是有着程度上的区别的。这种区别反映了在内心深处牵制的意向不甘沉默而对被牵制的意向产生影响的程度。

总的说来，弗洛伊德通过对人的过失进行分析和研究，证明了以下三点：第一，所有的过失都是有意义、有目的的精神现象；第二，这种精神现象是由两种对立的意向互相牵制造成的；第三，这两种意向的相互牵制又有着程度上的区别，由此反映出内心压抑与被压抑的矛盾。弗洛伊德通过对日常生活中的过失进行分析而得出的这一结论，在他对梦的解释中得到了进一步的验证和深入的发挥。

"梦"的解释

每个人都会做梦。而且，每个梦都应该由某种原因而来，因此是可以解释的。从古到今，有许多人试图对梦的内容作出解释。中国人就把这种解释称为"圆梦"。可是，在弗洛伊德之前，医学界一般认为，做梦意味着睡眠的不安定。由于某种原因，大脑得不到完全的休息，所以才做梦。这种解释当然没有说明梦的真正心理意义。而那些"圆梦"

者的解释也往往停留在依靠直觉和猜测，或者是建立在牵强附会的基础之上。因此，弗洛伊德是第一位力图用科学的方法来解释梦，并且通过这种解释来揭示人的内心活动的人。那么，怎样才能对梦作出正确的解释呢？弗洛伊德认为，梦的内容往往很复杂，因此，很难一下子就把整个梦的意义都说清楚，而且也很难在进行这样解释的时候得到患者的承认和配合。所以，就有必要把整个梦的内容分成一些片段，然后再分别对这些片段作出解释。这种方法实际上就是分析的方法。在经历了古代和中世纪对事物只进行总体概观式的说明后，近代科学引入了分析的方法，对事物进行分门别类的研究，从而取得了一系列新的突破。弗洛伊德也正是从分析的方法入手，来对梦作出解释的。

下面就是一个弗洛伊德解释梦的例子：那是在 1895 年的夏天，弗洛伊德对一位年轻的寡妇伊玛做精神分析。由于这位女士是弗洛伊德一家的好朋友，因此给弗洛伊德的治疗工作带来很大困难。一方面，弗洛伊德很难在治疗中保持通常的那种权威；另一方面，他需要承担万一治疗效果不佳而带来的对友情的伤害。在这种情况下，治疗没有取得预期的成功。一天，弗洛伊德的好友奥托从伊玛家里来。他对弗洛伊德说："伊玛的病好多了，可是还没有完全好。"于是，弗洛伊德的内心就多少有点歉疚感。写完伊玛的病案，并准备第二天给 M 医生看，当晚弗洛伊德做了如下的梦：

在一个大厅里挤满了客人，伊玛也在其中。弗洛伊德对伊玛说，你不肯接受我对你的病因的解释，所以，如果你还有病痛的话，是你自己造成的。然而，伊玛却回答说，现在不仅病没有好，而且喉咙和肚子也疼起来了。弗洛伊德马上叫来 M 医生，共同确认在喉咙的右边有块白斑。同时，另一位医生也发现伊玛的左肩有感染。大家都知道，不久前奥托曾经轻率地给伊玛注射平时很少用的丙基制剂和三甲胺等。而且，他在给伊玛注射之前很可能也没有洗干净注射器。显然伊玛的感染是因此而发的。

以上就是弗洛伊德关于伊玛的梦的大意。开始的时候，他并不知道这个梦说明了什么。而且，梦的内容也似乎有点莫名其妙。一会儿从神经症转到喉咙和肚子疼，一会儿又肩膀感染，根本就理不清头绪。可是，在深入、细致地分析之后，弗洛伊德终于对这个梦的全部细节都有了满意的解释。所谓"大厅里挤满了客人，其中有伊玛"，是因为弗洛伊德和夫人几天后要过生日，伊玛当然会来，于是弗洛伊德就在梦中抓住了这个对伊玛进行解释的好机会。"如果伊玛还有病痛，那是她自己造成的。"这显然是弗洛伊德在推卸自己的医疗责任。而在梦中的伊玛说喉咙和肚子疼，则是神经科医生普遍担心的问题。因为患者的病痛有可能不是神经症，而是器质性病变，那么，神经科医生就无能为力了。这还是在推卸自己作为神经科医生的责任。接下来，"马上叫 M 医生来确认"，当然是为了得出更加客观、公正的结论。在梦中出现"三甲胺"，则是由于前些天弗洛伊德听朋友讲到三甲胺中有性代谢的作用。因此，他就在梦中把治疗的不成功看成是这位年轻寡妇的性欲没有得到满足而造成的。这仍不是弗洛伊德的责任。而把伊玛的感染归咎于奥托，就更是对奥托报告伊玛的病尚未痊愈的一种报复了。

因此，通过对梦中每一个细节进行分析，弗洛伊德终于解开了自己这个梦。可以看出，他在这个看似荒唐的梦中，时时处处都在为自己推卸医疗不成功的责任，并且还试图把责任推给别人。这是他白天想做而又做不成的事，然而在他的梦中却得到了实现。由此，弗洛伊德得出结论：人不会无缘无故地做梦，所有的梦都是有意义的。梦的动机来自做梦者的愿望，而梦的内容则是愿望的实现；通过做梦可以使愿望在幻觉中得以实现，从而使大脑得到更好的休息。这就是弗洛伊德对梦的本质的最深刻的见解。

弗洛伊德不仅大量地分析了自己和患者的梦来证明他的观点，甚至还引用了一些民间的谚语。我们当然不知道动物是否也会做梦，但是，如果动物会做梦的话，也一定是"愿望的实现"。匈牙利有谚语说："猪梦到的是橡子，鹅梦到的是玉米。"犹太人也有谚语："母鸡梦见什么?"回答当然就是"小米"。弗洛伊德认为,不用长篇大论,这些谚语就已经把"梦是愿望的实现"的原理"完全囊括无疑了"。弗洛伊德还指出,即使在日常的口语中,也往往会不自觉地运用这一原理。每当实际发生的事情比我们预期的还要好的时候,我们往往会说:"连做梦也没想到会是这样"。显然,这表明我们常常把自己在现实中无法实现的事,留在梦中去实现。

细心的读者一定会发现,仅仅由此得出结论是不够的。除了年轻人经常想入非非,在"白日梦"里实现自己的愿望之外,我们所做的大部分梦并不直接是愿望的实现。相反,我们经常梦见被别人或被猛兽追赶,梦见打架或者打仗,梦见从高处摔下来,等等。据统计,有58%梦是不愉快的,只有28.6%梦才是纯粹愉快的。总不能说,这些恐怖和焦虑不安的梦是愿望的实现吧?

对此,弗洛伊德解释道,我们不应该只根据梦的表面内容来下结论,而应深入到这些内容的背后,揭示那些掩盖在恐惧和焦虑后面的真正愿望。

有一位少女患者提出自己做的一个梦来反驳弗洛伊德关于梦是愿望的实现的结论。她亲自照顾姐姐的大儿子奥托并把他带大,可是奥托后来病故了,只有二儿子查尔士还活着。她也很喜欢查尔士。奇怪的是，前一天夜里，她梦见查尔士躺在小棺材里，两手叠放，四周点着蜡烛，和奥托死的时候完全一样。这一切使她非常震惊。总不能说，她在梦中实现的愿望是想让姐姐唯一的儿子再死去吧？也不能说是想让查尔士代替她更喜欢的奥托去死吧？

由于弗洛伊德已经给这位少女治疗过多次，了解她以前的经历，因此很快就对这个梦作出了解释。原来，这位少女从小在姐姐家里长大，爱上了常去姐姐家的一位男子。可是，她姐姐阻止了这门亲事，又不对自己的决定作解释。那男子从此不再来姐姐家，而这位少女把感情转移到了姐姐的大儿子奥托身上。奥托死后，少女仍不能摆脱对那男子的感情，总是设法到各种场合去看他，同时又尽量不让他发觉。所以，弗洛伊德问少女："奥托死后发生了什么特殊的事情？"少女回答说："那男子来了，我在棺材边又见到了他。"这正不出弗洛伊德所料。少女在梦中实现的正是一直在她心中挣扎着的想见那男子的愿望。可以预计，如果查尔士真的死去的话，那男子一定会再度前来，她就可以再次见到心中的情人了。

弗洛伊德对另一个梦的解释更有意思。有位很聪明的女患者，不同意弗洛伊德的观点。她听了"梦是愿望的实现"这一理论后，当晚就梦见她同婆婆一起出去避暑。然而，在实际生活中，这位女患者非常不愿意与婆婆一起度假，而且也确实避免了这件事。对此，弗洛伊德解释说，由于这位患者不相信他的理论，有抵触情绪，所以，在这个梦中发生了不可能发生的怪事，由此就满足了她希望弗洛伊德出错的愿望。

所有的梦都是自己愿望的实现

根据大量的实例，弗洛伊德认为，我们所有的梦都是自己愿望的实现。而在梦中没有满足一个愿望，却往往意味着另一个愿望的满足。其实，说起来，中国人对"梦是愿望的实现"的原理也并不陌生。比如，每当亲朋去世，而活着的人思念故人的时候，往往会求死者"托梦"给自己。这样，就可以和阴间的死者相见，从而在梦中实现自己的愿望了。

那么，我们通常以什么材料来做梦呢？换句话说，我们通常做的梦都来自哪些事情呢？弗洛伊德归纳出三个方面的材料：

一是我们做梦往往选用近几天的材料。虽然有的时候也会梦见从前，甚至几年前的事，但是绝大部分的梦还是涉及近几天的体验的。证实了这一点，就为我们分析梦的工作找到了切入点。只要仔细询问患者最近几天发生的事，往往就能对梦作出满意的解释。

二是做梦的材料是一些次要的、非本质的、平时不引人注意的事情。这在过去通常被用来证明梦的内容无关紧要，所以不值得对其进行分析。可是，弗洛伊德认为，在梦中一些无关紧要的材料往往会代替或者暗示一些至关重要的事情。因此，找出这些看似非本质的材料所真正暗指的事情，就是对梦作出正确解释的重要途径。比如，前面分析的那个梦中伊玛的喉咙痛、肩部感染、药品三甲胺等等看来无足轻重、互不相干的事情，经过分析，就找到了其中的本质联系。原来，这一切都对保护弗洛伊德的自尊心，使他免除内疚感起着重要的作用。

三是我们经常梦见婴幼儿时期的体验。有的时候，这种体验还会屡次不断地出现。有一位30岁的患者告诉弗洛伊德，他从小到大经常梦见一头黄色的狮子，以至他能清楚地描绘出这头狮子的形象。后来有一天，他终于真的见到了这头狮子，原来是一个早已忘记了的小摆设——瓷狮子。还有许多人有这样的经验，经常梦见自己一丝不挂地出现在别人面前，使自己感到非常羞愧和尴尬。可是，当自己抬腿想跑开时，却发现像被钉在原地一样，根本动弹不得。而旁观者也并不介意，只是淡淡地看着自己。弗洛伊德认为，这种裸体的梦就是对童年时代喜欢暴露自己身体的经验的一种回忆。有的时候，即使我们在做梦的过程中实现的是当时的愿望，可是这愿望也会因为对童年的经验有相应的回忆而大大夸张了，超出童年时的真实情况。

以上三个方面就是我们经常梦到的材料。在我们梦中经常出现最近的体验，经常出现一些次要的小事，经常出现幼年时的记忆。这些都是梦所提供给我们的东西，而我们真正关心的还是隐藏在这些材料背后的心理意义。

要弄清这些隐蔽的意义，弄清潜藏在梦的内容后面的思想，就得弄清楚梦是怎样工作的，是怎样用这些材料来表达思想的。弗洛伊德认为，梦的工作方式很多，最主要的有两条。第一条是"凝结工作"。在内容不多的梦里，往往凝结着大量的精神活动。而这种凝结作用通常是靠省略梦的内容来实现的。在形成梦的过程中，梦的内容并不随便出现，而是完全受梦的思想支配，是精心安排的。即使从我们在前面对一小段梦进行的分析就能得出许多东西，也可以看出梦的凝结作用有多大。

第二条是"移植工作"。也就是说，可以把一些本来不太重要的情况移植到梦中，以此来取代梦中的真正思想活动；同时，把梦的思想移植到无关紧要的地位，使意识无法觉察出来。我们前面举例说明梦常以次要的事情为材料就是梦的移植工作的结果。弗洛伊德认为，移植工作是梦的最基本的工作。梦的结构主要是由移植和凝结工作来决定的。

综上所述，弗洛伊德引导我们分析了梦的本质是实现我们在白天所未能实现的愿望，而这愿望的实现主要靠思想对近期的经验，或者不重要的小事，或者幼年的记忆进行凝结和移植等工作来完成的。认识到这一点，我们就可以通过了解自己的真正愿望，分析梦的内容和这些愿望的关系来解释梦。

可是，仅仅对梦作出上述解释，并不意味着最终解决了问题。如果我们深入思考的话，就会进一步追问：我们为什么会在梦中去实现自己的愿望呢？为什么一些本来很重要的、本质的东西会在梦中被一些次要的、非本质的东西代替呢？为什么一些已经不清楚、已经忘记了的幼年的印象会在梦中出现呢？弗洛伊德认为，我们这些未能实现的愿望一直深藏在潜意识之中。只有在睡梦里，潜意识挣脱了思想的控制，这些愿望才会活跃起来。因此，才会做实现自己愿望的梦。由此看来，要更加深入地理解梦的实质，就得深入研究人的潜意识。

创立潜意识的理论

潜意识理论是弗洛伊德的精神分析学说的核心。他一直把这个发现视为自己的独到之处，他相信自己是第一个直捣心理活动核心的人。前面我们曾经谈到弗洛伊德对人们日常生活中的过失进行了分析，从而得出结论，认为人的过失行为都是有意义、有目的的，是心中两种意向冲突的结果；而人做梦也同样是有目的的，是为了在梦中实现自己的愿望。由此可见，人有两个内心世界，一个是思想意识的世界，另一个则是被压抑在思想意识之下的潜意识的世界。弗洛伊德认为，压抑早在婴儿时期就初露端倪，这种机制后来进一步发展，遭到压抑的动机虽然暂时没有反应，但是它可以随时改头换面或者形成神经官能症再度出现。因此，弗洛伊德认为，困扰人类的心理冲突将永远存在、难以平息。

为更好地理解弗洛伊德的潜意识理论，让我们先了解一个他经常举的病例：患者是一个19岁的聪明而又漂亮的独生女。她本来成绩很好，性格也很活泼。可是后来她突然变得爱生气了，尤其是常对母亲生气。而且还总是抑郁、多疑，甚至不敢单独穿过广场或大街。这在医学上通常称作"广场恐惧症"和"强迫性神经病"。她为了能安安静静地入睡，每天上床之前总要使卧室里的大钟停下，把小钟和放在床边桌子上的小手表一起拿出房间。并且，还要仔细检查所有花盆和花瓶之类，以防这些东西跌落时吵醒她。这显然太过分了。因为，至少手表的声音是不可能影响人睡觉的。她自己也承认，即使她不去检查，那些花盆和花瓶也不至于跌落。另外，和这些需要安静入睡的要求相反，她每天晚上都非得让自己的房门和父母卧室的门都半开着，甚至还要支上东西，以免被风关上。这只会使她听到更多的噪音而影响睡眠。更奇怪的是，她绝不允许床上的长枕头接触床架，还总要抖动鸭绒被，把羽毛集中在一头，然后再重新弄平。她的这些古怪行为并不是偶然为之。每天晚上，她必须把所有这些"仪式"都重复做一遍，才肯躺下来睡觉。

通过全面了解这位女患者的情况，多次对她进行精神分析，弗洛伊德终于弄清病因。他对这位患者谈了自己的看法。可是，患者却根本不接受，甚至还嘲笑弗洛伊德。经过慢慢启发，患者自己也进行回忆和联想之后，她终于接受了弗洛伊德的解释，同时，她的症状也相应地消除了。

在弗洛伊德看来，钟表是女性生殖器的象征，钟表周期性的运动可以引起患者对性的联想，而钟表有节奏的嘀嗒声甚至还会引起这位年轻姑娘的性激动。所以，她才需要把所有的钟表移开。而花盆、花瓶和所有的容器一样，也象征着女性生殖器，姑娘怕它们被打破，也就是怕失去自己的处女身份。至于要开着自己和父母卧室门才肯入睡，那是为了监视父母，不让他们结合而再生孩子。她自己就是因为这种担心而长期失眠的。而且，这位女患者在弄清了自己的内心活动后，也叙述说，她不让长枕头和床架接触是因为长枕像一个妇女，床架则像一个男人。她不能允许男女之间的接触。她抖动鸭绒被是使其鼓起以表示怀孕，而又将鸭绒被抹平是表示千万不能怀孕的意思。

所有这些解释，看起来非常离奇。对这样一位处女来说就更加显得不可思议。然而，关键在于，这种解释并不是弗洛伊德本人编造的，而是在他的启发之下，姑娘自己回忆和联想出来的。更重要的是，通过这种启发性的治疗，姑娘说出了本来想象不到的病因，从此免除了这些莫名其妙的"仪式"，过着正常人的生活。

通过这个病例，以及前面对过失和梦的分析，可以看出，在日常人们清醒的意识背后，还有另一种与意识不同的、不被意识知晓的精神历程。弗洛伊德把这一领域称作"潜意识"。在此基础上，他建起自己关于人的整个精神历程的学说。

潜意识、意识、前意识

弗洛伊德认为，在人的精神历程中有三个不同的系统。首先，最活跃、最丰富，同时也被压抑在最底层的就是潜意识。虽然，从表面上看，我们只能知道自己的思想是什么，而不能知道自己的潜意识。可是，另一方面，潜意识在我们的精神历程中所占的份额却最大。我们的心理活动主要是潜意识的，只是由于潜意识受到压抑，我们才无法知道它的存在。尽管如此，潜意识还是千方百计地试图摆脱意识的控制，以影响人的行为。精神分析工作的中心任务，就是要揭示人的潜意识的秘密，使人免除压抑感，对自己的心理活动有一个更加深刻、更加全面的认识，从而在更加平衡的心理状态下有效地工作和生活。

而在精神中压迫潜意识的就是意识，也即是我们通常所说的思维。我们的意识接受大脑的控制，有逻辑性，因此，我们随时都能知道自己在想什么。但是，我们的意识却只占精神活动的一小部分，它无法控制我们的大多数行为，也不知道被其压抑的潜意识。

除了意识和潜意识之外，人的精神历程中还有一个系统是前意识。这种前意识还不是意识，只有当前意识受到意识注意的时候，才能成为意识。比如，我们有的时候突然想不起某个朋友的名字，突然忘记了一个地址等等，都是因为这记忆被储藏在前意识之中，意识还没有将其提取出来，或者说，这个记忆还只是前意识，没有上升为意识。

为了更加简单明了形象地表达意识、前意识和潜意识之间的关系，弗洛伊德把这些心理系统比作一个个房间。其中，最大的房间是潜意识的房间，里面有许多人拼命想进入旁边的一个房间中去。这旁边的房间就是前意识的房间。然而，在两个房间之间，还有门卫在把守。而门卫就是意识。只有符合意识的要求，潜意识才能进入旁边的房间。进入了那个房间也就成了前意识。在前意识受到意识注意的时候，才能成为意识。

由此看来，人的潜意识就是欲望的专家，它只知道满足自己，却不知道时间，不知道地点，也不知道是非和羞耻。而意识则是控制的专家，它要求明是非、知廉耻、讲道理，要控制我们按照合理的道德规范行事，不让潜意识指导我们胡作非为。

享乐原则与现实原则

弗洛伊德进一步推论出在我们精神历程中的两个基本原则：一个是享乐原则，另一个是现实原则。享乐原则是潜意识的最高原则，按照这一原则，人就要不受任何限制地充分满足各种欲望，享受各种快乐，就像任性的小孩一样，想干什么就干什么。但是，另一方面，人又生活在社会之中。人从小就受到社会和家庭的教育，要关心别人，不能伤害别人，要遵守一定的行为规范。这就是现实原则。在人的精神历程中，享乐原则和现实原则既相辅相成，又相互制约，二者缺一不可。

这样，我们就清楚了。原来我们平时在日常生活中的过失是由于压在我们内心深处的潜意识偶然摆脱了意识的控制。因此，我们的过失才总是对自己有利。同样，我们平时做梦也是意识在休息的时候放松了对潜意识的控制。或者说，为了使大脑得到更好的休息，意识暂时停止看管潜意识。于是，被意识忘记的白天的经验或是幼年的记忆（也即是前意识）就会受潜意识的影响而成为梦的材料。经过凝结和移植等加工之后，成了连意识也无法解释的梦。弗洛伊德形象地比喻说："在睡觉的时候，我们脱去了道德的外衣，仅仅在早晨来临的时候才穿上它。"而通常所说的精神病则是由于意识不能再像平时那样控制潜意识才发生的一种病变。那么，治疗精神病，就是要了解究竟哪些潜意识失去了控制。然后，引导意识重新掌握对潜意识的控制。

所以，关于潜意识的理论是理解弗洛伊德整个学说的关键，是打开精神分析理论大门的钥匙。只有真正懂得弗洛伊德的潜意识理论，才能步入精神分析的殿堂。而且，潜意识理论也是弗洛伊德对人类的精神宝库所作的巨大贡献。它突破了以往的理论，把人的精神历程仅仅归结为思想意识的那种片面性。为我们揭示出了人的精神历程中的一个尚未被认识的广阔领域。

但是，另一方面，也必须承认，弗洛伊德毕竟夸大了潜意识的作用。毕竟我们绝大多数的行为是受意识支配的，是有计划、有目的的。因此，把我们的精神历程说成主要是潜意识的，显然违背了事实。

当然，由于弗洛伊德是第一位发现和研究人的潜意识的学者，因此，他对潜意识的过分强调也在情理之中。在弗洛伊德看来，了解到潜意识的存在，并没有真正解决问题。我们还可以进一步追问下去：我们被意识压在底层的欲望究竟是什么呢？我们的潜意识又是从哪里来的呢？只有弄清了这一系列的问题，潜意识理论才能真正成为一种科学。为此，弗洛伊德进一步指出，人的潜意识往往和自身的性体验相关。既然潜意识是被意识压在最底层的欲望，那么，这种性体验在很大程度上也往往来自人的童年时代。因此，就有必要系统地研究人的性欲是如何形成的，有哪些特点，又是如何对我们的潜意识发生作用的。

开启了从科学看"性"的新视角

虽然"性"是可以使几乎所有健康人激动起来的事情，是人类持久注意力集中的中心之一，是任何人都无法回避的问题，因而谁都承认性在人类生活中至关重要的地位；可是，人们对性的态度却是讳莫如深的。对一个有教养的人来说，谈论"性"已经是大逆不道的了，而要把性的问题见诸笔墨就更是一件不能容忍的事。

也许我们可以说，弗洛伊德是第一位以科学的态度研究性问题，并且最终以他的理论改变了我们性观念的思想家。

在对梦进行研究的过程中，弗洛伊德已经开始注意到性对人们潜意识的影响。因此，弗洛伊德研究性的问题，绝不是为了标新立异，哗众取宠，而是建立潜意识学说的需要。然而，真正促使弗洛伊德完全放弃传统的偏见，创立自己的性学体系，并且为建立这一体系提供了实验依据的还是"少女杜拉"的病历。

首先，弗洛伊德扩展了我们通常所理解的"性"的概念。他认为，我们并没有一个关于"性"的确切定义。如果说，"性"是指两性之间获得快感的行为的话，那么女性生孩子的事就不应该属于性的范畴；而另一方面，如果把性看作生殖机能的话，那么，接吻、手淫和同性恋等等就不属于性。因此，"性"有着比常识的见解宽泛得多的含义。弗洛伊德提出：一方面，性不仅仅是指生殖器的快感，性的主要目的也不是为了生殖，而是为了获得快乐的感受；另一方面，所有富于感情的、友好的冲动都属于性冲动。换句话说，所有广义的爱都属于性。

按照这个更加宽泛的性概念，人类的性活动和性观念的形成就不局限于成年之后。弗洛伊德认为，人从生命一开始就有了性功能，在幼年时期就有了性欲。只不过这种性欲并不是以生殖为目的，也不是以刺激生殖器为手段。人在幼年时期是以自身为快乐的对象，是一种"自恋"；只是到了成年之后，人的性活动才与他人、与生殖相联系。总起来说，性的发展过程经历了三个不同的阶段。

"性"发展的三个阶段

第一个阶段是口唇期。婴儿一出世，就有一种本能，要通过吮吸乳汁来获得生长所必需的营养。问题在于，婴儿的吮吸活动不仅仅是为了生存的需要，而且还有着一种寻求快感的意味。有经验的人都知道，婴儿常常会乐于吸吮手指头或者胶皮奶头等等。这种活动显然不是为了汲取营养，而是为了从吮吸活动本身获得快感。弗洛伊德认为，婴儿的吮吸活动表明人在婴儿时期就有建立"重复"、追求快感的倾向。按照弗洛伊德对性的定义，可以说，人在婴儿时期就有了性欲。幼儿长出牙齿之后，不再靠吮吸的方式进食，这个时候如果还继续吮吸手指头就纯粹是为了获得快感了。由于这个时期的幼儿不知道有性的对象，所以吮吸活动还是一种"自体享乐"。小时候喜欢吮吸手指的人，嘴唇比较敏感，长大后往往喜欢接吻。而如果是男人，则更可能会有错乱性接吻的倾向，比如吸烟、喝酒等等就属于此列。

幼儿性欲发展的第二个阶段大约开始于一岁多到两岁之间。这个时候，儿童的性感中心从口腔转移到肛门。在排泄的过程中，肛门黏膜受到刺激，一阵紧张之后，随之而来的是痛快淋漓的放松感觉。所以，弗洛伊德称这一阶段为肛门期。这肛门期中，儿童开始喜欢哭闹，喜欢炫耀自己的裸体。但是，这时期的儿童已经不像口唇期那样可以自由自在地享受快感。父母要对子女进行"便溺训练"，要求子女学会控制自己的便溺，不得随地便溺。而子女则有一种"逆反心理"，不肯服从大人的规定，直到经过一段时间的强制性训练之后，儿童才逐渐按照大人的要求便溺。因此，肛门期儿童的"便溺训练"可以对儿童的人格发展产生重要影响。训练较好的儿童在成年之后往往表现得比较守纪律，而那些不服从或者较晚才学会按规矩便溺的儿童则往往在成年之后显得狂暴、不守纪律等等。

接下来的第三个阶段，也是最重要的阶段，就是大约从三岁到五岁的阶段。在这个阶段中，儿童开始对生殖器感兴趣，发现了男女生殖器的差异，有的时候还会感觉到生殖器的快感，并且时常有刺激自己生殖器而获得快感的自慰行为发生。因此，弗洛伊德把这一阶段称作生殖器阶段。这一阶段之所以重要，是因为儿童的性心理往往在这一阶段定型。男孩由于有一种"阉割情结"，这种恐惧会深深地植入儿童的心理之中，对儿童成长后的人格发展产生重大影响。而女孩则由于发现自己缺少男孩的那种显露在外的生殖器而觉得受到伤害，并且开始羡慕男孩。弗洛伊德称这种心理为"阳具嫉妒"。正是因为这种嫉妒心，有许多女孩曾经希望自己能成为男孩。

在生殖器阶段中，儿童心理的另一种倾向就是对父母中异性一方的恋情和对同性一方的仇恨。男孩在获得母亲的乳汁的同时，获得了母亲的爱抚和拥抱，从而把母亲看成是自己得到快感的源泉。任何妨碍男孩独占对母亲的这种情感的人，都会受到男孩的憎恨，而首当其冲的自然就是父亲。因此，男孩有一种"仇父恋母"的倾向。弗洛伊德把这种倾向称作"俄狄浦斯情结"。

与此相反，女孩子的心理却有着一种"仇母恋父"的倾向。她们因自己比男孩缺少某些器官而深感自卑，并且，因此而怨恨生育自己的母亲；对自己的父亲则有一种崇拜心理，更不允许母亲对父亲的亲近行为。弗洛伊德称这种心态为"伊莱克特拉情结"。这一名称也来自古希腊神话。公主伊莱克特拉让自己的兄弟杀死了母亲，因为母亲与别人通奸并杀害了父亲。

弗洛伊德认为，这种仇恨父母中同性的一方，而对另一方亲近的倾向是人人都有的。只是因为这种倾向与人类文明、与道德规范相悖而从一开始就被压抑在潜意识的底层。人们往往不记得自己在小的时候曾经有过这种倾向。然而，这种倾向却不断地以各种方式影响着人们的行为，甚至到了成年后也无法避免。

综上所述，口唇阶段、肛门阶段和生殖器阶段被弗洛伊德统称为"前生殖期"。在这个时期中，人的性快感还没有和生殖联系起来，而且主要表现为以自己的身体为引起快乐的对象。

大约在5岁之后，儿童的好奇心和求知欲有了很大的发展。他们开始把注意力转移到丰富多彩、变幻莫测的大千世界中去，因而暂时放松了对性快感的需求。而且，由于受到各种道德规范的教育，儿童对原先追求快感的行为也开始有了羞耻感。所以，5岁至12岁左右的少年，大都与同性一起学习、一起玩耍，他们的性要求由于受到压抑而暂时潜伏起来。弗洛伊德称这一时期为潜伏期。

而大约从12岁开始，人进入了青春期，身体开始发育、成长，性器官也不可避免地成熟起来。在这种情况下，人的性本能再次苏醒。这时，人的自恋倾向已经大大削弱，对同性的关注也相对减少，而男女之间的吸引力却大幅度增强。人们以青春的活力追求着异性之爱，同时也不顾一切地奉献着自己的爱。这种爱很容易导致两性的结合。

从以上的分析可以看出，人类追求快感的性要求有一个发生、发展和变化的演变过程。弗洛伊德因此认为，人类的性欲从前生殖期到潜伏期，再从潜伏期到生殖期是一个完整的发展过程。在这个发展过程中，有一种贯穿始终的动力支配着人的性欲。这种动力不是后来加到人身上的，而是人先天就有的，是一种本能的力量。

弗洛伊德把这一本能的力量命名为"原欲"（利比多）。换句话说，人从出生起就受一种爱的本能力量所支配。这力量将持续地支配人的一生。这种爱的力量也许会遵循正常的轨道支配人的生活，就像前面所分析那样顺利地经过口唇阶段、肛门阶段和生殖器阶段的前生殖期而进入潜伏期，随后又进入生殖期。所以，"原欲"是一种必须释放的力量，至于其释放的方向是否符合人的道德规范，就要看"原欲"发展过程中每一个阶段是否正常了。

总的来说，在"原欲"的支配下，人的行为有可能会沿着两种不同的方向发展。一种是与社会的行为规范相反的行为，另一种则受社会的认可和鼓励。

通常人们所说的性变态，实际是释放"原欲"的结果。

按照人的本能，人可以由各种不同的方式获得快感。每一个人都有获得多种快感的倾向。只是由于所受的教育和自我压抑，才使这些倾向未能得到实现。因此，性变态在一定意义上说也是正常的。

另一方面，如果"原欲"受到压抑，没有沿着原来的道路释放，甚至没有去追求任何肉体的快乐，而是导向了社会所赞赏的领域，则有可能作出常人所不及的贡献。比如：科学家献身于科学研究，艺术家倾心于艺术创作，棋手专注于棋赛，运动员集中精力创造好成绩，等等，都是"原欲"转移的结果。弗洛伊德称这种现象为"升华"。

总体来看，弗洛伊德提出的性欲理论是他的学说中最有创造性、影响也最大的部分之一。这一理论为研究人本身开辟了崭新的领域。他关于幼儿性欲、关于性欲发展的不同阶段等理论，揭示了人类寻求快乐的生理和心理的进程，是对科学的不朽贡献。他关于人类通过性活动寻求快乐的提法，打破了传统上只强调性的生殖功能，否认其享乐功能的伪道德。早在1898年，弗洛伊德就曾不无精辟地指出："就性的问题而言，我们所有的人不管是否有病，都是伪君子。"他的观点导致了人类开始用一种更加开放、更加自然的态度来对待性问题。

可是，另一方面，也必须看到，弗洛伊德毕竟夸大了性的作用，忽视了社会因素的作用。从理论上讲，荣格正是因此而与他分道扬镳的。如果按照弗洛伊德的学说，性自由就应该被看作解除神经症的良方。然而具有讽刺意味的是，在目前某些取消了性禁忌，16 岁仍保持处女就可能被认为是一种耻辱的国家中，神经症患者却并没有因此而减少。由此可见，性的解放并不是医治歇斯底里症的灵丹妙药。

当然，弗洛伊德的研究也并没有仅仅停留在性欲领域之内。他从具体的医学问题入手，最终试图解决的却是有关人本质的纯理论问题。

本我、自我、超我构成的人格

弗洛伊德是位医生，他始终坚持只在对神经和精神疾病的治疗领域内开展自己的研究工作，也一直在避免脱离医疗实践的纯理论研究。可是，随着年龄的增长和材料的积累，弗洛伊德在后期越来越注意把精神分析的研究范围扩展开来，越来越重视对人本身、对人性的理解。在提出潜意识理论的基础上，弗洛伊德建立起了一整套有关人格的理论体系。他把这转变称作对他青年时期的哲学兴趣的"回归"。

如前所述，弗洛伊德的潜意识学说把人的精神状态分为三种：一种是最活跃、然而却是压在最底层的、不被我们知晓的潜意识，另一种是压迫潜意识的意识，还有一种则是尚未进入意识的前意识。弗洛伊德按照这一理论来分析人格，把人格看成是一个动态的系统。每一个人都由三重人格所构成。这三重人格分别是：本我、自我和超我。

所谓本我，是指潜意识中与肉体最接近、最直接反映肉体需要的力量。本我是天生的，是形成人格的基础。对本我来说，没有时间、地点和条件的概念，也不知道逻辑，并且还不受道德、法律等约束，它只要求充分满足自己的愿望。通过这种满足，可以释放机体的能量，使人消除紧张和疲劳。因此，支配本我的原则是前面提到过的"快乐原则"。这样，本我与外部世界无关，并且往往是与社会需要相悖的，是完全个人化的、利己的。本我可以完全不顾及社会而我行我素。

而自我则是适应社会的，是本我与客观世界之间的调解人。自我有一部分属于潜意识，也有一部分属于意识。虽然自我与本我一样，也最关心自己；但是，自我的这种关心却必须顾及周围的环境。因此，自我能够明辨是非，按照社会的规范和习惯来约束本我的冲动。比如，某位男子爱上了一位有夫之妇，按照本我的愿望，他会不顾一切地去追求她。然而自我则对这一愿望进行控制，因为这样做不符合社会道德。同样，当某位男子一厢情愿地爱上了一位女子，而这位女子却根本不可能爱他的时候，这位男子的本我会驱使他想方设法得到这位女子，而他的自我则会控制他不去做这种无用之功。由此可见，与支配本我的"快乐原则"相对，支配自我的则是"现实原则"。本我比较爱冲动，比较任性；而自我则比较清醒，比较稳重。本我是力量的源泉，它促使人去行动；而自我则是把本我的力量引入正轨的方向盘。自我对本我起着一种保护作用。每当自我放松对本我的控制的时候，往往就会出洋相，闹笑话，做出傻事来。

同时，在本我和自我之上还有超我。所谓超我，是指从自我中分化出来的，超越了自我的那种"道德化的自我"，是指导自我的"大法官"。超我来自儿童成长过程中所受的奖惩教育。在此期间，父母按照自己的价值标准和道德规范对子女进行教育。凡是符合这一规范的行为就给以奖赏，凡是不符合这一规范的行为则会受到惩罚。并且，这种奖惩既可以是物质上的，也可以是精神上的。

儿童长大以后，超我就代替父母行使起奖惩的职权，通过奖惩来控制自我，并由自我而控制本我的冲动。有趣的是，由于超我也在潜意识之中，所以它不仅对人的行为进行奖惩，使人每做一件好事就感到高兴，做一件坏事则感到内疚；而且超我还可以对人的思想进行奖惩。有的人即使没有干什么坏事也会自责，这很可能就是因为他的思想中出现过坏念头而受到了超我的谴责。

因此，超我由两个方面构成。一个方面是"自我理想"，这来自父母的奖励，由此确立起理想的道德标准。"自我理想"的作用是专门负责奖励那些符合它的思想和行为。构成超我的另一个方面则是"良心"，它来自父母的惩罚，由此划定道德与不道德的界限。它的作用是专门负责惩罚那些不符合良心的思想和行为。

由此可见，个人的人格系统是非常复杂的。自我既要面对本我无止境的欲求，又要面对客观外界的现实，还要面对超我的道德约束。在整个人格系统中，自我属于中介力量，超我通过自我来控制本我，而本我又通过自我来反映欲求。本我和超我并不直接冲突。因此，人格的冲突只是在自我与本我或者自我与超我之间展开，而不可能发生本我与超我的冲突。并且从时间上看，自我代表现在，而本我和超我则代表过去。自我来自个人当时的经验，本我来自遗传的影响，而超我则来自他人的影响和教育。本我、超我通过自我而相互冲突，同时也和现实相冲突。由本我、超我、自我和现实之间的相互制约、相互作用就形成了个人的行为模式。

如果本我的欲求超出于客观实际所准许的界限，而自我又未能控制住本我，那么这种欲求就一定会碰钉子而无法实现。同样，如果本我的欲求违反了社会公德，而超我又未能

170

通过自我去控制本我，或者超我本身的标准就不符合社会公德（例如从小就没有受到过良好的教育等等），那么这样的行为就会受到社会的谴责，甚至受到惩罚。

反过来说，如果一个人只是把自己框在自我理想的圈子里，他的能量都损失在抵消本我的欲求之上，超我不给本我任何活动余地。那么，虽然实现了高尚的人格，但是却损失了本我在现实允许的范围内享受快乐的权利。这也不能说是正常的。所以，我们不能机械地以为超我有崇高的理想，就是好的；而本我只知道满足自己的欲望，就是坏的。在客观现实允许、并且符合社会道德规范的前提下，本我的欲求完全是正当的。本我的欲求代表了生命的本末目的，也是维持生命存在的前提。并且，本我的欲求得到了满足，也会成为促进社会发展的动力。而以牺牲本我的欲求为代价的所谓"至善"，因其违反自然，同样是不人道的。

因此，人格系统也是一个能量系统，其能量是守恒的：人格最理想的状态并不是本我、自我或者超我中的任何一方占上风，而是人的能量在这三个方面中的合理搭配。如果一个人讲求德性甚于讲求享受，那么，他的主要能量就被分配到人格系统的超我之中；如果一个人非常讲究实际，那么，他的主要能量很可能被自我所控制；而如果一个人只知道满足个人利益，不顾社会公德，那么，他的主要能量一定消耗在本我之上了。一个人不可能既有很高的德性，又充分满足了利欲，同时这种满足又十分符合实际。

值得注意的是，人格系统中的能量搭配并不是一成不变的。外界突发事件的影响或者内部能量分配的暂时失调，都有可能引起人格的变化。因此，一个道德高尚的人也许会因一时冲动而干蠢事，一个卑劣小人也许会因良心的觉醒而做出善行。我们不能仅仅根据个人一时一地的言行来下结论，而要从他的一贯表现作出判断。对于那些因偶然的原因而犯错甚至犯罪的人，不应一味谴责，而应该宽容。

同时，人格系统的状况也不像人的思想和行为那样明显。我们可以知道自己在做什么，也可以知道自己在想什么，然而却未必真能知道自己为什么这样做、这样想。因为，人格中的本我、自我和超我并不都属于意识。本我只属于潜意识而与意识无关；自我和超我则部分属于潜意识，部分属于意识。所以，人的意识很难理解自己的人格。

在本我、自我和超我这三重人格中，压在最底层、范围也最广的是本我。本我的能量来自肉体的欲求，弗洛伊德称之为"本能"。人虽然有许许多多的本能，但是最基本的本能却只有两种：一种是"生命本能"（也即"爱欲的本能"），另一种则是"死亡本能"（也即"破坏的本能"）。

所谓生命本能是一种要求统一和联合，要求创造和生产，以及要求自卫的力量。它是人生命力的源泉。人对同类表现出友爱、同情、关心和帮助等等，都是生命本能的表现。有的时候，人在极端困难的条件下（如干渴、饥饿、受伤等等），仍然能够坚持活下来，也是生命本能在起作用。而人的死亡本能则是一种要求割裂事物，要求破坏的力量。死亡本能的目的就是要使有生命之物回到无生命状态。人的死亡本能最终导致人的攻击、侵略、屠杀和毁灭等等冲动。

弗洛伊德认为，人的生命本能和死亡本能既相互依赖、相互作用，又相互冲突。每一个人都具有死亡的本能。死亡不但不可怕，而且意味着宁静、平和，所以有着一种诱惑力。一般来说，生命本能对死亡本能有一种压制或转移的作用，由此保证了生命的延续。当生命本能没有压制住死亡本能的时候，就有可能出现自杀的行为。有的时候，生命本能也可以出于自我保护的目的而把死亡本能转移到别的方面。某些人饮酒、吸烟，甚至咬手指甲都有可能来自死亡本能的冲动。也有的时候，生命本能会把死亡本能的攻击性由内转向外，这样就有可能去攻击别人，甚至杀人。也有的时候，生命本能和死亡本能可以相互结合。比如吃东西就是毁灭了所吃的东西，但同时却使这种东西和自己的机体融合，从而维护了生命。

生命本能与死亡本能的比例也很重要。生命本能的强盛

173

会使人进取心强、友好待人；而死亡本能过强则可能自暴自弃，或者伤害自己、伤害别人。当然，死亡本能也不是越弱越好。比如在性行为中，侵犯的能量过大固然会导致性虐待狂，甚至性杀人狂，但是侵犯的能量过小也可能使人胆小、羞怯，或者阳痿。

总而言之，人格是一个非常复杂的系统，是本我、自我和超我相互制约、相互作用的结果。在这个系统中，最基本的能量来源于人的生命本能和死亡本能。

因此，我们不能简单地用概念来判断一个人的好与坏、善与恶。人格的形成既有先天遗传的因素，也有后天教育的因素。只有全面地了解、分析人格，才能真正地认识一个人。

基于同样的理由，我们也不能简单地把人的本质仅仅认为是理性。因为，正如弗洛伊德所指出的那样，人性有许多非理性的因素，而理性的因素只占很小的层面。

既然人的本质不仅是理性，既然我们不能简单地在理性的层面上理解人，那么，我们也不能单纯从理性的角度来理解社会。我们应该从理性与本能的关系中把握社会文明的本质。

第 10 章

社会文明的本质：文明及其不满

社会文明的目的是追求人的幸福

在弗洛伊德看来，人的正常发展来自人格的正常发展和本能欲求的正常满足。如果这些本能受到了不适当的压抑，就会引起精神的失常或变态。而这种压抑却往往来自人类自己创造的社会文明。整个人类社会的历史就是社会文明与人性本能相互冲突、相互制约的历史，是社会文明进步压制个人本能冲动的历史。

我们知道，每一个人都关心"人生的意义"。当人得知自己不可挽回地将面临死亡的时候，生命就显得比任何东西都珍贵。而珍惜生命的最可靠的方式就是找出人生目的的正确答案，并且按照这一目的去生活。只有这样，才能保证自己不虚度一生。

可是，寻求人生目的的努力注定是得不出答案的。因为，既然人终归无法避免死亡的命运，那么对必死的人来说，一切都不可能有意义，甚至连寻求人生目的的努力本身也没有意义！如果硬要为人生说出一种意义，找出人生目的的话，这种意义或目的就只能是追求幸福、追求快乐的感觉。

然而，可悲的是，我们根本无法追求到幸福和快乐！弗洛伊德提出，所谓幸福实质上就是个人"原欲"（利比多）的有效利用。而这种利用却往往要依赖于他人，依赖于性对象。因此，一方面，我们不愿意放弃某种能给我们带来快乐的东西；另一方面，这种东西却不被我们控制，它不属于自我，而只能来自对象。同样，我们也力图避免某些痛苦，然而这些痛苦却和自我不可分割。因为，这些痛苦往往来自我们的内部。

所以，从自我与外部世界分离的那一刻起，就意味着人类追求幸福的努力不可能成功。而痛苦对人类来说，却是绝对的。弗洛伊德认为，人的痛苦来自三个方面。一是来自人的肉体。人是脆弱的，人会生病、会衰老、会死亡，这一切都无法避免，人只得默默地承受。二是来自外部世界。尽管人在科学技术方面取得重大的进展，但是人终究无法完全驾驭自然。不仅现在人类还无法控制风雨、雷电、地震、海啸等自然灾害，而且，如果万物都有发生也必然有消亡的话，那么可以预见，将来地球也是要毁灭的。对于这一切，人却无能为力。人的第三种痛苦来自人际关系。人与人之间并不总是互相带来快乐，也经常有仇恨、有进攻、有残杀。所以，尽管人生的目的只能是追求幸福，然而人却不得不面对来自肉体、自然和社会这三个方面的痛苦。

既然如此，人就不得不改变追求幸福的方式。如果幸福不可能达到，伴随人的只能是痛苦，那么，最大限度地避免不幸就是幸福。因此，弗洛伊德进而探讨通常人们用来避免不幸的多种方式。其中一种方式就是离群索居，回避人际的交往。人可以在孤独中寻求"幸福"。这种不与别人接触的方式当然可以避免大多数不幸，可与此同时也排除了获得真正幸福的可能性。这只能说是一种下策。另一种方式则是麻醉自己。酗酒是古已有之的回避痛苦的方式，现代人的吸毒也出于同样目的。显然，这种"幸福"是建立在毁坏自身肉体的基础之上的。再一种回避痛苦的方式是转移"原欲"。如果爱欲的满足依赖于性对象的话，那么自己"原欲"的升华就可以摆脱这种依赖感。把"原欲"的力量注入一种公众赞赏的事业，就可以在事业的成功之中享受幸福。然而，这种升华的过程仍然是不幸的。因为，一方面，本能的升华虽然能够满足人的部分愿望，但是却远不如原始的本能冲动那样强烈地震撼人的肉体；另一方面，升华的方式也仅仅适用于人类中极少数出类拔萃者，而对于一般民众却不适用。还有一种摆脱不幸的方式是建立一种希望。通过妄想的方式在心灵中创造一个虚构的"现实"。这样，人类在"此岸世界"所不能得到的幸福和满足，就可以期待在"彼岸世界"中获得。弗洛伊德认为，宗教所起的作用就是这样。

社会文明的主要特征

也许，最能使人获得幸福、排除不幸的方式就是性爱了。在性爱的过程中，人强烈地体验到某种压倒一切的快感，体验到自己与对象的全身心的统一。可是，要知道，性爱是要冒很大风险的。恋人的离异或者逝去都会给失去恋人的人带来痛不欲生的感受。即使这种可能性还很渺茫，但是也足以给性爱所能带来的幸福蒙上不幸的阴影了。

由此可见，人类的幸福是那么遥远，那么可望而不可即，而人类的痛苦却那么实实在在，那么不可避免。甚至我们任何试图摆脱痛苦的努力，也都注定要以失败而告终！

在前面探讨造成人类痛苦的三个根源中（包括肉体的脆

弱、自然力的强大和人际关系的困难），最最令人费解的就是第三个根源了。既然人际关系是人类自己建立起来的，既然这种关系的建立是为了更好地谋求幸福，那么为什么我们的人际关系不能给我们带来幸福呢？我们怎么可能千辛万苦地建立一种给我们带来不幸的文明呢？换句话说，我们怎么可能主动地建立一种限制我们自己获得幸福的规则呢？这就需要深入地了解社会文明的本质，以及产生这种文明的根源。

弗洛伊德指出，文明是指所有使我们的生活不同于我们动物祖先的成就和规则的总和。人类的文明使我们获得了进步，使我们最终脱离了动物界。所谓文明包含着四个重要的方面。

第一，一切有助于人类改造自然的活动都属于文明的范畴。因为，改造自然能力的提高，可以增进我们的物质生活水准，从而更进一步摆脱动物生命的盲目性、增强主动性。可是，改造自然的活动并不能给我们带来幸福。现代化给我们带来了古人难以想象的舒适生活。古人幻想的千里眼、顺风耳、上天、入地等等都已经成了现实。然而，我们因此就比古人幸福吗？答案是否定的。因为，真正能给人带来幸福的并不是这种物质生活，而是一种主观感受。一个腰缠万贯的富人有可能是不幸福的，而一个穷人却有可能感到幸福。

显然，幸福的标志并不在于物质生活的水平。

第二，文明的另一个标志是美、清洁和秩序。人类培植鲜花、绿草和树木，发展各种艺术，不断地追求着美。这些虽然不能给我们带来真正的实用价值，可是我们认为，追求美是人类文明的标志之一。同样，文明也意味着要爱好清洁，所有污秽都是和不文明联系在一起的。我们在电影中看到过去遍地垃圾的街道就认为那时的文明水准不高。随地吐痰也被认为是不文明的行为。可是，在我们维持清洁的同时，失去的却是自由自在的生活。因此，难道能说清洁的生活给我们带来了幸福吗？秩序也属于人类文明。有秩序的生活意味着必须按照一定的规律、被迫地重复过去所做的事情。毫无疑问，秩序给我们带来了高效率。然而，其代价则是我们无法在秩序中继续自由地生活。从我们通过何种艰苦的训练才学会守秩序，就可以看出我们为文明付出的代价有多大。

第三，人类高尚的精神活动也属于文明的范畴。宗教的信仰和哲学的沉思都可以把人类引向至善至美的崇高境界。无论任何地方，只要有宗教、有哲学的存在，我们就有充分的理由认为那里存在着文明。可是，如前所述，这种文明只属于少数人。而且，这种文明是否真能给人带来幸福也是大可怀疑的。

第四，社会文明是调节人际关系的方式。由于个人的力量是有限的，只有许多人联合在一起才会更加强大，所以，集体的力量取代个人的力量在文明发展的过程中具有决定性意义。而为了在集体中保证每个人的权益，防止发生以强欺弱等现象，就必须有公正、有道德、有法律。这样，在所有的个人牺牲了自己的本能冲动、牺牲了个人自由的前提下，才能创造出社会的公正。

由此可见，文明具有多重的特征，其中最基本的含义就是促使人类脱离自然，脱离动物界。然而，正如我们已经指出的那样，人类文明是以损失人类的本能欲求为代价的。文明不能给我们带来幸福，而只能带来痛苦。弗洛伊德明确指出：社会文明是产生我们的大多数不幸的根源。如果放弃文明，如果回归到原始状态，我们会更加幸福。

社会文明两重性：制约人性与推动社会进步

既然如此，人为什么会建立这种不能给人带来幸福的文明呢？弗洛伊德认为，在人类文明的形成过程中，起关键作用的是直立行走和建立家庭。直立行走使人能够"站得高，看得远"。视觉系统得到发展，而嗅觉系统却因远离被嗅对象而受到了削弱。这样，在满足自身欲望的过程中，人的视觉兴奋逐步代替了嗅觉兴奋。本来因女性生理变化而引起的周期性的性兴奋，变为持续的无周期的性兴奋。同时，直立行走也导致了生殖器的暴露，从而既引起了人对性更加频繁的关注，也导致了人类的羞耻心。由此，人类就踏入了文明的门槛。

另一个促使人类文明形成的因素是家庭。开始的时候，建立家庭是为了相互帮助和满足稳定的生殖需要。男人需要稳定的性对象，而女人则必须照顾子女。随着子女长大成人，家庭逐步扩大，渐渐有了建立在兄弟关系之上的群居生活。为了占有母亲，满足心中的"恋母情结"，兄弟们杀死了父亲。然而，事过之后，兄弟们的良心又受到谴责，开始为杀父行为而感到后悔。于是，就有了最早的禁忌——对乱伦的禁忌。在共同生活的人类群体中，大家只有遵守共同制定的规则，互相监督，牺牲个人的自由，才能有力量，才能在自然中生存。这就是文明的表现。

而且，人类在建立家庭的同时，也产生了爱。这种爱不仅意味着直接的性满足，还意味着把一些人组织在一起。于是，开始对爱作出了限制：以生殖为目的的爱就是性爱，而为了使群体团结一致的爱则是友谊。性爱是真正的、原本意义的爱，而友谊却是建立文明的需要。所以，人类家庭的建立构成了文明与爱的冲突。这种冲突表现在以下几个方面：首先，文明的进步需要扩大自身的群体。在集体中，人越多就越强大。可是另一方面，爱却是绝对排他的。越是亲密的家庭，越是把爱局限在家庭的小圈子内，也就越难于进入其他家庭。所以，爱是排他的，根本不可能存在什么"对一切人的爱"。因为，如果爱一切人的话，也就等于谁也不爱。所以，群体与从属于这一群体的家庭之间就有了冲突。其次，妇女也反对文明。男子为创造文明不得不以牺牲"原欲"为代价，而妇女则要拖住男人，要维护家庭、维护爱、维护性的利益。再有，人的性满足很可能是多方面的，而且也存在着个体间的差异。可是，文明却只允许所有人按同一种方式去获得性满足，而其他的方式则被认为是性反常。并且，这同一种方式也被社会文明限定在严格的一夫一妻之间，以不可撤销的契约关系固定下来。

那么，为了文明的需要，人类竭尽全力地约束自己对快乐的追求，从性欲中节省出大量的"原欲"的能量来建设文明。当然，人不可能完全禁绝性行为，因为这是繁殖后代所必需的。可是，人类文明却在贬低性行为，只承认性行为的生殖功能，而否认其作为最强烈的快感来源的享乐功能。在中国传统的儒家文化中，也有"男女授受不亲"的戒律。然而，这并不意味着完全禁绝性生活，因为，"不孝有三，无后为大"。至少，为了后继有人，就不得不允许有"不追求快感"的性行为。

所以，尽管人类的社会文明已经取得了很大的进步，尽管人与人之间存在着爱心，可是我们必须承认，人类文明并不能为实现自己本能的欲求作出贡献。弗洛伊德还进一步指出，在人的天性中有一种使人们的关系不断发生危机的因素。人的本能有很强的进攻性，人有一种伤害同类的内在倾向。我们知道，所谓文明就是人类摆脱兽性的努力。然而，这一努力究竟取得了多大的成功呢？人类最精壮的劳动力，最富组织能力的领导者，最尖端的科学技术被用到什么地方去了呢？用到了人类互相残杀的战争之中！虽然人类制定了各种严格的法律，可是侵犯他人的犯罪现象仍然屡禁不止。这里，我们又一次想起了斯芬克斯的教诲：人类虽然发展了理智，但是却永远摆脱不了自己的动物之躯。

弗洛伊德认为，"进攻性"是婴儿在保育室中就已经形成的天性，是必须得到满足的一种欲望，可是，人类文明也压抑了这种天性。具有讽刺意味的是，文明的压抑不仅没有减少人与人之间进攻天性的发挥，相反，随着文明的发展，人的进攻性却越来越升级了。由此也证明了进攻性是人的一种本能，是死亡本能的具体表现。

当然，弗洛伊德强调人性本能存在的进攻性，强调幸福之可望而不可即，强调社会文明对人的本能的压抑，并不意味着他因此而贬低文明。弗洛伊德认为，人类的社会文明是不断进化和发展的。推动社会文明发展的就是爱与死、生存与破坏的矛盾斗争。正是基于这见解，弗洛伊德指出，人类并没有在总的方向上一劳永逸地解决自身的发展问题，人类在科学和技术发展的过程中自我毁灭的可能性仍然存在。因此，对人类来说，具有决定意义的就是如何以文明的发展来控制自身的进攻天性，以生命本能来战胜死亡本能。弗洛伊德的这一忠告，在今天一些发达国家拥有的核武器可以把地球反复摧毁数次的时候，在海湾战争和美伊战争中，人类最先进的科学技术被用来互相厮杀的严酷现实面前，就越发显得语重心长了。

总体来看，弗洛伊德创立的精神分析学说，提出了许多发人深省的思想和问题。在这一学说中，弗洛伊德从分析人的日常过失入手，认为人的过失和做梦等现象都不是无谓的。其意义在于反映了人心中潜意识的状况。

人类绝大部分精神活动不是意识的，而是潜意识的。只是由于潜意识被压在底层而不为意识所知。精神分析的工作就是要深入了解人的潜意识，解除因潜意识的被压抑而引起的焦虑或者精神失常，从而达到治病救人的目的。而潜意识的核心却是平常人们羞于启齿的个人的性体验，这种体验在很大程度上由个人儿童时期的性欲发展过程来决定。因此，人是一个非常复杂的功能系统。这一系统受人的来自生与死两个方面的本能的制约。人的本我就来自这一本能，而本我又要在自我的控制之下。自我则来自环境的教育。所以，个人为满足自身欲望而追求的幸福，始终会因他人也要实现自身的幸福而受到限制。人类文明的发展不仅没有解决这一矛盾，相反，本来意义上的幸福却因文明的进步而更加渺茫了。人类的命运就在于如何限制自身本能中的进攻性，而最大限度地获取幸福。这就是弗洛伊德理论的基本内容。

从表面上看，这理论似乎并没有什么。弗洛伊德本人就曾经说过："好像我命里注定要发现众所周知的东西。每一个保姆都知道小孩有性感，而晚上做梦和白日梦一样表示愿望的实现也是大家都知道的。"

哥伦布发现新大陆后，也曾经有人在庆祝宴会上说，发现新大陆并没什么了不起。而哥伦布却请大家试着把鸡蛋立起来。在大家的尝试都失败之后，他拿起鸡蛋往桌上一敲，就轻而易举地给立住了。哥伦布坦然地说："事情本身也许并不难，可是我想到了，而你们却没有想到。"细想起来，其实这就是伟人的伟大之处，也就是伟大的洞察力之所在。只有善于观察事物，注意每一个细节，养成爱思考的习惯，才能发现问题，并且找到解决问题的钥匙。

尽管人们至今还对弗洛伊德的学说众说纷纭、毁誉不一，然而，谁也无法否认他对人类文明所产生的深远影响。所有生活在 20 世纪的人都不同程度地感受到了这种影响。

第11章

世人评说：精神分析学说的影响与争论

　　精神分析学说在弗洛伊德有生之年就早已不是他一个人或是少数几个人的信条，而是一场迅猛发展、影响非常广泛的思潮。到了现代，几乎没有一个从事社会科学研究的人不在一定程度上受过弗洛伊德的影响，几乎没有一个精神病医生不了解弗洛伊德的思想，甚至很少人，尤其是年轻人，没听说过弗洛伊德这个名字。他成了20世纪家喻户晓的人物。

　　然而，精神分析思潮或运动差不多一开始就是在同一个基本原则之下，包括许多不同派别在内的松散的学术联盟。这一方面是由于弗洛伊德的学说在很大程度上来自具体的医案，理论上还不够严谨；另一方面，也是由于该学说尚处于幼年阶段，还有待于深化和提高。因此，精神分析思潮内部所形成的各种派别，与其说是思潮的分裂，倒不如说是对精神分析理论的补充和发展。正是由于各派学说的争论，才使精神分析理论不至于沦为老生常谈式的僵化的教条。不管内部的争论有多么激烈，各路精英仍然得聚集在"精神分析运动"的大旗之下，各派学说也仍然得使用精神分析的一些基本概念。由此也反映出弗洛伊德思想的强大生命力和深远影响力。

同时，精神分析的学说又不仅仅是一种精神病治疗学的理论。由于这学说深入探讨了人类的共同本质，揭示了人内心深处的隐蔽活动，因此，它对社会科学各个领域的渗透也是不可避免的。弗洛伊德明确提出："精神分析法的应用绝不仅仅局限于精神病的范围，而且可以扩大到解决艺术、哲学和宗教问题。"

在今日，所有社会科学，包括哲学、历史学、社会学、人类学、法律学、政治学、经济学、教育学、宗教学等各个领域都可以看到弗洛伊德的巨大影响。而精神分析对文学艺术的影响就更是一个有目共睹的事实。

弗洛伊德与精神分析理论的创立

我们知道，近代心理学是从笛卡儿、莱布尼茨、洛克这些哲学家那里肇始的，但它运用实验方法形成一门科学，是在 19 世纪初期。从那时起，出现了心理生理学，越来越深入地研究了人的神经生理、大脑生理、感觉生理同人的心理活动的关系。到了布吕克和他的战友赫尔姆霍茨那里，则明确地宣称："有机体内除一般物理化学的力在起作用外别无其他的力。"他们把自己的老师约翰内斯·缪勒的"活力论"驳得体无完肤。显然，他们在强调物理化学特性的时候，把人的各种心理机制简单化了。

弗洛伊德是精神分析的创始人，他的心理学研究，实际上是对布吕克、赫尔姆霍茨等人理论的扬弃。当他同布洛伊尔合作时，试用催眠术来治疗歇斯底里患者，从而发明所谓"宣泄"式的"谈疗法"。这种方法使弗洛伊德得出一个结论：人的心理活动依赖于体内的某种能量，当能量积蓄得很多时，就需要宣泄出来。同时，弗洛伊德从另一个老师沙可的病例研究当中，发现歇斯底里患者有许多是与性的压抑有关的。1895 年，弗洛伊德发表了关于歇斯底里的研究论文，引用了压抑、防御、抵抗、发泄等概念，并认为这些心理机能发生于潜意识领域之中。进一步，他用自由联想法代替了催眠术，还着重研究了人的做梦。1900 年，他的代表作之一《梦的解析》问世，大大推进了精神分析的研究。

一般认为，弗洛伊德在 20 世纪最初二十年间形成了他的心理学理论体系。这使他闻名遐迩，但也遭受到许多人攻击，以致他初期的一批弟子如阿德勒、荣格、兰克等人先后与他决裂，创立了各自的精神分析学派。20世纪30年代，可说是他的事业登峰造极时期，精神分析理论传遍全世界。由于犹太人的身份，他在1938年受到纳粹分子迫害，被迫流亡英国，一年以后，在伦敦去世。这时，阿德勒与荣格先后创立了个人心理学和分析心理学，对弗洛伊德学说进行了彻底的批判改造。当然，弗洛伊德还有一批追随者，形成了后期精神分析主义学派；但由于世界心理学研究中心逐渐由德国移至美国，而美国的行为主义心理学势头越来越大，弗洛伊德学说的影响也今非昔比了。

弗洛伊德精神分析学说定型于20世纪20年代，当时爆发了第一次世界大战，无论从社会经济到人们心理都发生了深刻的危机。人们对"变形"了的世界和人欲横流的现状无法理解，于是弗洛伊德出来用他的精神分析学说来企图进行"科学"的解释。但他的基本观点和方法论存在着一定的缺陷，以至于他的第一批弟子中的大多数人都纷纷同他决裂，转而对他批评。现在，西方出现了以霍妮、弗洛姆、沙利文为首的新精神分析主义流派。但他们的理论已与弗洛伊德有了很大不同，如：霍妮只接受弗洛伊德潜意识理论，却反对他的泛性论人格发展学说；弗洛姆也反对弗洛伊德的泛性沦，并强调在社会、文化条件影响下决定人的性反应和人格发展。可以说，弗洛伊德的正统精神分析心理学已经不复存在，他的全部理论和研究方法都已发生了巨大变化。有一大批新精神分析学者，开始向比较科学的社会心理学靠拢了，甚至还有人表现出对辩证唯物主义的兴趣。

尽管如此，弗洛伊德创建的精神分析主义学派，我们不能轻率地一概加以否定。应当看到，它在心理学上至少有以下几点积极意义。第一，它扩大了心理学研究领域，接触了传统心理学一向忽视的潜意识、梦、过失和性心理等等问题，使心理学的对象扩展开来了。第二，作为一种深层心理学理论，它克服了传统心理学只满足于精神现象"表面价值"、只追求"外因"的缺点，使心理研究的层次加深了。第三，它与医疗实践（特别是精神病医疗实践）有密切的联系，这非常有助于它与实验心理学、临床心理学的合流。第四，它的方法虽然有一定的缺陷，但其中的"自由联想法"已被其他心理学派所应用；它创立的潜意识、内倾、外倾等许多概念，也成为心理学的流行用语。第五，不管人们怎样诟责弗洛伊德的学说，实际上，他的性心理学研究毕竟冲击了传统的、陈旧的性观念，使人们不再把性的问题视为禁区，促进了性科学的发展。他重视研究心理现象产生的背后原因，摆脱了从精神到精神的研究方式，给我们指明了心理学的研究方向。

精神分析理论的内在矛盾

弗洛伊德最首要的贡献当然在于他提出的精神分析学说。然而这一学说却有着内在的矛盾。按照弗洛伊德的说法，人的精神疾病源于本能受到的压抑。而真正摧残人的本能的却是人类自己创造的社会文明。既然如此，医治精神疾病的正确途径就应该是社会的、对文明的改造。但弗洛伊德的解救办法却是纯个人的，是力图使个人适应这种不健康的社会。

值得注意的是，弗洛伊德在晚年确实提到要对社会的、文化的病理学进行研究。可是，此时他本人已经无法进行这一研究了。而他的叛逆者们提出的学说则在一定程度上更多地涉及了社会，并且相应减少了强调个人的性经验。从而进一步扩大了精神分析的影响，使其更易被大众所接受。

在弗洛伊德的追随者中，有两个著名的"叛逆者"：阿德勒和荣格。阿德勒提出了"个体心理学"，认为决定个人行为的动力不在于性冲动，而在于一种追求优越感的权力欲。每个人都有自卑和超越这两种感受。自卑感越强的人却往往有着更强的"补偿"自己缺陷的意志。许多在政治、科学、艺术、体育等领域取得成功的人，在开始的时候却是有生理缺陷，或是有自卑感的人。正是由于那种"补偿"自己缺陷的要求，导致了他们不懈奋斗。因此，神经症的根源，不像弗洛伊德所说的那样来自对本能的压抑，而是由于内心自卑与超越这两种感受的冲突。那么，寻找神经症的病因就无须探寻患者过去的经历，而只需了解患者想要达到的目标。如果这一目标超出了实现的可能性，就会导致精神上的崩溃。

荣格的心理学则被称作"分析心理学"。为了表达自己与弗洛伊德的区别，他把弗洛伊德创立的学说名字前后倒置，由"心理分析学"变成"分析心理学"。实际上，荣格与弗洛伊德在理论上的区别也是巨大的。首先，他扩展了弗洛伊德原来指性欲的"利比多"概念，使其成为容爱欲（*弗洛伊德之意*）与权力欲（*阿德勒之意*）于一身的表示生命力的概念。其次，荣格也扩展了弗洛伊德提出的潜意识概念。在弗洛伊德那里，潜意识属于个人以往的经历；而荣格却认为，不仅有"个人潜意识"，而且还有属于对人类祖先的共同记忆的"集体潜意识"。不同地区、不同民族的人民有共同的神话和仪式等就是集体潜意识的明证。天才们的"灵感"也无非是人类的集体潜意识在显灵。第三，荣格还进一步把人格特征分为内倾与外倾两种不同的类型。前者喜欢安静，爱思考，但有时又因思虑过度而变得十分敏感。哲学家、诗人、宗教活动家等往往属于此列。而后者则好动、爱广交朋友、适应能力强，通常是艺术家、社会活动家的料。有趣的是，平时在行动上表现为内倾性人格的人，其内心深处却往往更具外倾性。也就是说，在意识的层面具有内倾性的人，其潜意识层面则常常是外倾性的。因此，在恋爱的过程中，有不少内倾性的人会喜欢外倾性的人，而外倾性的人也常常喜欢内倾性的人。这虽然不符合他们的意识的要求，但是却迎合了他们的潜意识的期望。也许，正因为这一分析符合人们的日常经验，因此，荣格关于内倾性和外倾性的人格理论在大众中颇有影响，也为精神分析运动赢得了声誉。最后，荣格还对弗洛伊德的幼儿性欲理论提出了不同的看法。他认为，所谓仇父恋母的俄狄浦斯情结无非是用大人的眼光来看小孩的心理而得出的结论。

性欲对人的影响远不如弗洛伊德所说的那么大。第二次世界大战之后，精神分析思潮又有了新的发展。尤其是在美国，有一大批学者把精神分析同社会学、社会心理学和人类学等学科融合在一起，提出了许多新的见解，从而进一步扩大精神分析的影响。这里面有苏利文的"人际关系说"，有霍妮的"基本焦虑说"，有弗洛姆的"逃出自由说"，也有卡丁纳的"文化说"，还有埃里克森的"自我心理学"，等等。我们限于篇幅只能择其要而述之。

霍妮是一位女性。她一开始就不承认弗洛伊德关于男尊女卑、男女之间的差异来自生理上的区别的说法。她认为，男女间的差异更多的还是由文化、环境等因素造成的。人的行为确实如弗洛伊德所说，受潜意识影响，但是，所谓潜意识并不是指性的经验或性冲动，而是指对安全感的需要。正是由于人怕失去某种安全所引起的基本焦虑，导致了精神的病变。而人的安全感的培养，则依赖于童年时家庭环境的教育。严厉的家庭容易使儿童失去安全感，只有宽松而又幸福的家庭才会培养出心理健康的儿童。一旦儿童对不安全的预防行为被固定下来，成了一种模式，那么就构成了神经症的倾向。由此可见，霍妮开始引导人们超越弗洛伊德把先天因素放在第一位的思考方法，进一步强调了社会环境的作用。

弗洛姆是另一位产生巨大影响的精神分析学家。他试图通过在马克思主义和弗洛伊德主义之间所作的调和来改造资本主义社会。弗洛姆也认为，人的心理因素并不是孤立的、遗传的产物，而是与社会因素相互作用的。社会生产越是发展，人就越是感到孤独、感到不安全。因此，弗洛姆一方面同意弗洛伊德关于潜意识支配人的行为的说法，但是另一方面却反对弗洛伊德把潜意识的内容归结为性经验。他提出，资本主义生产发展所带来的"自由"是以人与人之间的猜疑和不信任、以孤独和恐惧为代价的。所以，人们的潜意识中都在寻求一条"逃出自由"、获得安全感的道路。

由此可见，弗洛伊德强调先天遗传因素对人格的影响，而霍妮、弗洛姆等人则开始注重后天环境的作用。也许是出于对这两种人格发展理论进行调和的需要，埃里克森提出了心理社会理论。他认为，人格的发展并不像弗洛伊德所说的那样，决定于生命的前五年，而是有一个"总体的生命周期"。在生命周期中，人格发展的动力不在于性欲，也不在于成就感或安全感，而在于个人在不同阶段中对群体的"认同感"。因此，由于遗传的作用，所有人的心理发展都需要经过八个不同的阶段。在这些不同的发展阶段中，有着不同的发展目标。每个人是否能够顺利地通过这八个阶段，实现每一个阶段中的目标，则有赖于社会的、文化的条件，有赖于环境的制约，有赖于个人对环境的认同。因此，我们不能单纯从生物的或者社会的角度来分析人格发展的决定性因素，而要把这两个方面综合起来考察。

正如前面说过的那样，精神分析思潮中的这些"叛逆"行为，这些对传统弗洛伊德学说的修正，不仅没有葬送精神分析运动，反而进一步扩大了其影响，并促使这一运动的自我完善。与此同时，精神分析运动的发展不仅推动了精神病理学的研究，而且也极大地影响了社会科学的其他领域。

精神分析理论对东西方哲学的影响

弗洛伊德对哲学的影响是显而易见的。现代哲学比以往任何时候都更加重视人本身，重视对人的本质的研究。即使是非理性主义，也只是在现代哲学中才取得了以往任何时候都不曾有过的广泛市场。我们至少可以在这两个方面看到弗洛伊德的明显的思想印迹。

现代哲学强调关注人本身的哲学流派当首推存在主义思潮。在对人的本质的研究中，存在主义与精神分析一样，强调人性中的非理性一面。精神分析的核心问题是非理性的潜意识，而存在主义的核心则是非理性的个人存在。基于对人性的相似理解，精神分析学者们怀着一种悲观的态度来看待社会文明的发展，认为这是对人的本能的压抑；而存在主义者也以一种悲观的心情指出个人的人性在现代社会中的异化。存在主义者萨特在批驳弗洛伊德的潜意识理论的同时，讨论的却仍然是弗洛伊德关于人性、关于人类文明的话题；而雅斯贝尔斯本人甚至还是一名精神病医生。由此也不难看出弗洛伊德的影响。

另一方面，马克思主义哲学在当代的影响也是举世公认的。在西方马克思主义哲学中，我们仍然可以看到弗洛伊德思想的踪影。很明显，不管是西方马克思主义还是弗洛伊德主义都对人的现实存在感到了深刻的不满足，都要求改变当前资本主义社会中违反人性的现状。而这两者的结合就构成了所谓"弗洛伊德的马克思主义"。这一学派企图用弗洛伊德的思想来补充和完善马克思主义，指出一条人类解放的道路。弗洛伊德曾经的追随者阿德勒一生都是个马克思主义者；西方马克思主义中另一个重要人物赖尔不仅是弗洛伊德的得意门徒，而且还自称是弗洛伊德的真正继承人；而马尔库塞则把解放人的性本能和解放人的劳动结合起来，提出要实现爱欲的解放。

在研究科学哲学的哲学家们看来，弗洛伊德的理论当然说不上是科学。因为，精神分析并不像一般科学那样具有精确性和普遍有效性，也不能被证伪。但是，弗洛伊德提出的潜意识理论在某种程度上为分析哲学和科学哲学中的反形而上学倾向提供了理论根据。因为，在他们看来，形而上学的问题根本就不存在。传统对形而上学的研究只是反映出人类精神的一种病态，而研究形而上学的人也无非是患了"哲学病"。

弗洛伊德的学说甚至还影响到对东方哲学的研究。精神分析学家弗洛姆与禅宗大师合作出版的《禅与心理分析》就是一个极好的例证。这两种来自不同文化传统的学说，却有着共同关心的问题和颇为一致的非理性主义倾向。不管是禅宗还是精神分析，关心的都是人的内心世界，都对夸大理性的力量持一种保留态度；同时也都对现代文明给人本身所带来的压抑和不自由，表示了深刻的忧虑和不安。因此，可以说，精神分析与东方的禅宗在一定意义上也是相通的。

精神分析理论对文学艺术的影响

从当代的文艺思潮来看，弗洛伊德的思想产生最大影响的领域不是精神病的研究领域，而是文学艺术。为什么会出现这种情况呢？因为弗洛伊德生前就一直对文学艺术有着极大的兴趣。他不仅从小就大量阅读了古今文学名著，而且在他提出了精神分析学说之后，也写过许多文章，论述自己对文学艺术中一些问题的看法。他本人还和许多著名的作家和艺术家保持了良好的友谊。

从古到今，人们都承认文艺创作中确实有"灵感"的作用。可是，对于为什么会有"灵感"却往往只是作一种神秘的解释。而弗洛伊德认为，文学艺术的创作就是在意识暂时放松对潜意识控制的时候，产生"自由联想"的结果。因此，作家和艺术家在创作过程中的心理状态与精神病和白日梦极为相似。他们力图回避现实，通过自由联想而得到满足。然后，又用凝结、移置、替代、象征等手法把真情掩盖起来。而文学艺术之所以能对别人产生影响，也正是由于作品引起了欣赏者潜意识的共鸣。

因此，理解文学艺术的关键，仍在于理解人的潜意识。而这种潜意识，正如我们前面分析过的那样，就是人的性欲。以往对于什么是美一直有着不同的看法，在弗洛伊德看来，美来自人的性感，没有性感就不会有美。只有那些能引起性感的东西才是美的。

弗洛伊德的这些思想对文艺创作和文艺批评都产生了非常广泛、深入的影响。其影响之大，在文学史上是极为罕见的。有一大批作家系统地研究了弗洛伊德的思想，并且自觉地在精神分析的基本原理下从事创作。其中，有弗洛伊德的好友，现实主义作家、1929年诺贝尔文学奖获得者托马斯·曼；有英国颓废派作家、《查泰莱夫人的情人》一书的作者戴·赫·劳伦斯；意识流写作手法的大师詹姆士·乔伊斯；等等。也有作家对弗洛伊德只有一般的了解，就在自己的作品中表现精神分析的思想。海明威、福克纳等人就属于这一类。还有一些作家（如存在主义作家萨特等），虽然对弗洛伊德持批判态度，但是在作品中仍然无法摆脱弗洛伊德思想的影子。

弗洛伊德对文艺批评的影响也是十分巨大的。他本人就曾经对索福克勒斯的悲剧《俄狄浦斯王》、莎士比亚的《哈姆雷特》和陀思妥耶夫斯基的《卡拉马佐夫兄弟》中的杀父恋母主题进行过深入的精神分析。他的这些分析至今仍然是经典性的。从此之后，许多评论家就一直在试图用"俄狄浦斯情结""潜意识""利比多"等等精神分析的概念来分析作品，找出作家和艺术家创作的真正动机和他们的作品所表现的真正内涵。

同时，在现代西方许多艺术流派中，也都可以看到弗洛伊德思想的印迹。除了前面提到的现实主义、颓废派和意识流之外，现代艺术从一开始就受到弗洛伊德的影响。达达派主张反理性、反传统、反现实生活，主张表现荒诞的事物，以为什么都无意义。而达达派许多人物都参与其中的超现实主义就更把弗洛伊德看作自己的祖师爷。超现实主义的创始人安德烈·布洛东曾经见过弗洛伊德，并且接受精神分析的思想。他公开强调非逻辑性，强调潜意识、本能和梦幻创作的影响。而抽象派艺术家（如瑞士的保罗·古利等）又都认为艺术应表现人的前意识。由于前意识还没有经意识加工，因此更加生动、更加迷人。

在弗洛伊德的影响下，西方的电影也发生了很大的变化。这不仅表现在有些电影直接从拍摄手法上着意表现人的潜意识，从潜意识的视角去拍摄电影画面，而且也有一批以精神分析为内容的电影问世。有的叙述男女间情爱的心理过程，有的则表现犯罪时人的潜意识活动，也有一些电影表现用精神分析的方法侦破案件，甚至还有些电影直接宣扬精神分析的魔力——在罪犯将要开枪的紧要关头，精神分析学家通过几句话就使罪犯回忆起自己童年的经历，精神上的压抑得到了解脱，从而放下了手中的枪，等等。

当你打开 20 世纪的文学艺术史，就可以看到弗洛伊德的影响比比皆是。他引导文化艺术走向更加深刻、更加广泛和更加吸引读者的道路，可以这样说，没有弗洛伊德，就没有 20 世纪的文学艺术。

精神分析理论对社会科学的影响

弗洛伊德对社会科学领域的影响也是巨大的，几乎所有社会科学的研究都渗透着精神分析的影响。20 世纪 80 年代初，弗洛伊德理论进入到我国大学校园，笔者在南开大学哲学系，聆听老师介绍弗洛伊德理论时，教室内座无虚席，许多人只好坐在走廊上，人越聚越多，老师只好架起高音喇叭讲课。大家猛然发现，隐藏在自己内心深处的"卑鄙"思想，原来是每个人都具有的"性本能"。这种解释内心冲突的"合理化"过程，使我们这些学子急于了解弗洛伊德到底都讲些什么。

弗洛伊德理论使历史学不再局限于研究历史事件的发生与发展，不再局限于了解时代的精神；而是更进一步深入到历史人物的内心深处，试图在一定程度上用历史人物的心理状况来解释历史事件。其中，众所周知的就是对阿道夫·希特勒进行的心理分析。

在社会学中，也有一批学者试图用精神分析的方法来研究社会现象，把社会学和精神分析结合起来。其中，最著名的有埃里希·弗洛姆的《逃出自由》、阿尔多诺的《权威人格》等著作。

政治学应用精神分析的方法成了一种时髦。一大批对现代杰出政治人物的研究都应用了精神分析的方法。用精神分析的观点来看，相当数量的政治领袖都处于精神病态之中。在这方面，最具代表性的著作有哈罗德·拉斯威尔的《病理学和政治学》和《权力和人格》等，还有皮埃尔·阿考斯、皮埃尔·朗契尼克撰写的《病夫治国》。后者从医学、生理学、心理学等角度探索了 20 世纪具有世界影响的政治领袖们丰富的个性世界与政治生活。作者笔下那些叱咤风云的大人物都患有不同程度的疾病，甚至是不治之症。疾病通过操控领袖们的个人生命、政治生涯进而对国家命运产生了不容忽视的作用。医生们在病床或手术台前不懈地工作与战斗，那些成功或失败不仅关乎个体生命的安危，也可能影响着人类文明的进程与轨迹。

精神分析对经济学的影响也不可忽视。这主要表现在对人的工作动机作出心理分析，由此，纠正了传统经济学不考虑经济活动中人的心理动机的偏颇，使经济学真正成了研究人的经济活动的学问。甚至还出现了工业心理学会，系统地研究如何使人在健康的精神状态下工作。

人类学当然也是精神分析扩大自身影响的重要领域。弗洛伊德的名著《图腾与禁忌》本身就可以说是一部人类学的著作。而其后对原始人的性生活、氏族成员的关系、文化人格的理论等许多领域的研究，都离不开精神分析的影响。

在教育学中，弗洛伊德的影响更是渗透到几乎所有对儿童动力的研究领域。弗洛伊德关于幼儿性欲，关于人格成长过程中本我、自我和超我的关系，关于人的本能等一系列理论已成为当今教育学所必须考虑的问题。

总而言之，一位奥地利的犹太人，由于生活所迫而只得弃学从医，然而他并没有停留在单纯的医疗实践中。通过艰苦的奋斗，经历了数年的孤独，他终于得到了世界的承认。如今，他的思想已经不仅仅是医学领域中的一个学派，而是任何一位从事社会科学研究的学者，任何一位想了解人性、了解人的本质的普通人都不得不考虑的因素。他的肉体虽然消亡了，但是，他的精神却始终影响着并且还将继续影响人类的生活。

附录

年　谱

1856年　5月6日，出生于德国加里西亚的狄斯门尼兹弗莱堡市。

1859年　举家迁往莱比锡。

1860年　移居维也纳利奥波尔斯塔特区的伯费弗尔街。

1865年　进入施帕尔中学学习。

1873年　以"全优"的成绩毕业于吉姆那森学校，进入维也纳大学医学院。

1875年　第一次访问英国。

1876年　进入布吕克教授生理学研究室，为研究生。

1877年　发表有关鳗鱼的生殖腺的形状与改造的论文。

1878年　发现八目鳗脊髓神经节细胞，并撰写论文。随后发表了第二个研究题目——蝲蛄的神经细胞。

1880年　将英国哲学家米勒的社会问题及柏拉图的论文译成德文。

1881年　以优异成绩毕业于维也纳大学医学院，留在布吕克教授的生理研究室里。

1882 年　进入全科医院。发表重要论文《神经系统的基本结构》。6 月，与犹太籍姑娘玛尔塔订婚。

1883 年　在梅纳特的精神病治疗所升为副医师。

1884 年　在全科医院的神经科工作。

1885 年　由布吕克教授推荐，赴巴黎的沙尔彼得里哀尔医院实习。

1886 年　完成研究计划后离开巴黎。回维也纳正式担任儿科疾病研究所的神经病科主任，正式开业行医。9 月 13 日，与玛尔塔结婚。

1886~1887 年　在军队服役，官阶升至联队军医。

1888 年　把柏宁的论文《暗示及其治疗作用》译为德文出版。

1889 年　赴南锡考察柏宁与李鲍特为的催眠技术。为少女杜拉作分析治疗。

1891 年　《对失语症的认识》出版。

1892 年　译柏宁《暗示的研究》为德文并发表。

1893 年　与年长 14 岁的奥地利生理学家布洛伊尔共同发表了《歇斯底里现象的心理机转》。

1895 年　发表与布洛伊尔共著的《歇斯底里症研究》。首次做梦的分析，放弃催眠疗法，改用自由联想法治疗。

发表论文《有关焦虑心理症》。

1896 年　开始使用"精神分析"一语。在维也纳以《歇斯底里症的病因》为题演讲，但反响冷淡。

1899 年　就幼儿的性征发表最初论文。

1900 年　《梦的解析》出版，但被学界所抹杀。

1902 年　与阿德勒等人创星期三心理学学会。

1904 年　发表《少女杜拉的故事》病例报告。出版《日常生活的精神分析》。

1905 年　写成《性学三论》及《机智与潜意识之关系》。

1906 年　与荣格开始定期通信。

1908 年　复活节时以弗洛伊德为中心，欧洲各国的精神分析学家集会于萨尔斯堡，举办"国际精神分析大会"，会中决定发行会刊《精神分析与精神病理研究年鉴》。

1909 年　担任维也纳大学医学院神经生理学助教授。9 月，应美国心理学家斯坦利·霍尔之邀与荣格一道赴美，在克拉克大学演说。

1910 年　3 月，第二次"国际精神分析大会"在纽伦堡开会。正式组织"国际精神分析学会"，荣格当选为第一任主席。弗洛伊德在大会上以《精神分析疗法今后的展望》为题发表演讲。发表《精神分析学》《爱情心理学之一：男人选择对象之一异型》《原始语言之相对意义》。

1912年　创刊《成像》，在其上发表《图腾与禁忌》。发表《心理症的病型》《爱情心理学之二：色情生活中最广泛的一种堕落——性无能》。

1914年　出版《论精神分析运动的历史演进》一书。发表《米开朗琪罗的摩西》。

1915年　德国诗人里尔克访问弗洛伊德。在维也纳大学开讲《精神分析学入门》。发表了《潜抑作用》《潜意识》《关于原欲之转移关系的观察》等论文。

1916年　发表《对梦的理论的后设心理学的补充》《悲伤与忧郁症》。

1917年　《精神分析学入门》出版。发表《精神分析学的一个难题》。

1918年　发表《爱情心理学之三：处女之谜种禁忌》。

1920年　出版《快感原则的彼岸》，发表《女性同性恋之一例的心理成因》。

1921年　发表《群体心理学与自我的分析》，涉及社会心理学问题。

1922年　4月，上颚癌施行手术（以后至其逝世，接受手术三十三次）。

1924年　罗曼·罗兰偕奥地利作家茨威格来访。维也纳版

《弗洛伊德全集》初版发行。发表《心理症与精神病》《俄狄浦斯症结的崩坏》《被虐待症的经济问题》《精神分析学概要》。

1925年　多次接受口腔内手术。发表《自传》《精神分析学》《否定》等。

1926年　70岁生日收到四千三百马克的贺礼。与玛尔塔一起去柏林访问，并与爱因斯坦愉快会谈。

1930年　得歌德文学奖。发表《文明及其不满》。

1931年　发表《原欲之诸型》《女性性欲》。

1932年　访问托马斯·曼。发表《续精神分析学入门》。

1933年　希特勒上台，精神分析学方面的书籍成为禁书，遭焚毁。

1936年　80岁生日收到爱因斯坦、罗曼·罗兰等人的贺电。

1937年　发表《有结局的分析与无结局的分析》。写成《埃及人摩西》，考证摩西及埃及人。

1938年　纳粹德国入侵奥地利，弗洛伊德的财产被没收，6月纳粹驱逐犹太人，弗洛伊德亡命伦敦。

1939年　癌症再发，9月23日在伦敦逝世。

主 要 著 作

1.1891 年《对失语症的认识》出版。

2.1895 年《歇斯底里症研究》(年与布洛伊尔合著) 出版。

3.1900 年《梦的解析》出版。

4.1904 年《日常生活的精神分析》出版。

5.1905 年《性学三论》《少女杜拉的故事》问世。

6.1910 年《精神分析学的起源和发展》出版。

7.1913 年《图腾与禁忌》出版。

8.1917 年《精神分析学入门》出版。

9.1920 年发表《快乐原则的彼岸》《女性同性恋之一例的心理成因》。

10.1921 年《群体心理学与自我的分析》出版。

11.1923 年发表《自我与原我》《幼儿的原欲性体系》。

12.1924 年维也纳版《弗洛伊德全集》初版发行。

13.1925 年发表《自传》《精神分析学》。

14.1930 年《文明及其缺憾》出版。

15.1939 年发表《摩西与一神教》。

16.1940 年伦敦出版《弗洛伊德全集》十八卷。

参 考 书 目

1.弗洛伊德.日常生活的精神分析［M］.杭州：浙江文艺出版社，1986.

2.弗洛伊德.文明及其缺憾［M］.合肥：安徽文艺出版社，1987.

3.弗洛伊德.弗洛伊德后期著作选［M］.林尘，张唤民，陈奇伟，译.上海：上海译文出版社，1986.

4.彼得·盖伊.弗洛伊德传：上下册［M］.龚卓军，高志仕，梁永安，译.厦门：鹭江出版社，2006.

5.郭良.弗洛伊德［M］.北京：开明出版社，1997.

6.高宣扬.弗洛伊德传［M］.北京：作家出版社，1986.